UNA VIDA MARAVILLOSA

FRANK MARTELA

Una vida maravillosa

POR QUÉ NECESITAMOS COMPRENDER EL SENTIDO DE LA EXISTENCIA

URANO
Argentina – Chile – Colombia – España
Estados Unidos – México – Perú – Uruguay

Título original: *A Wonderful Life*
Editor original: HarperCollins Publishers
Traducción: Manuel Manzano Gómez

1.ª edición Febrero 2022

Plaza de los Reyes Magos, 8, piso 1.º C y D – 28007 Madrid
www.edicionesurano.com

ISBN: 978-84-17694-56-2
E-ISBN: 978-84-19029-16-4
Depósito legal: B-21-2022

Fotocomposición: Ediciones Urano, S.A.U.

Impreso por: Rotativas de Estella – Polígono Industrial San Miguel Parcelas E7-E8
31132 Villatuerta (Navarra)

Impreso en España – *Printed in Spain*

Índice

Introducción

«¿Cómo llegué al mundo? ¿Por qué no me preguntaron al respecto, por qué no me informaron de las reglas y regulaciones, sino que simplemente me empujaron a las filas...? ¿Cómo me impliqué en esta gran empresa llamada actualidad? ¿Por qué debería participar? ¿No es cuestión de elección? Y si me veo obligado a participar, ¿dónde está el encargado? Tengo algo que decir al respecto. ¿No hay encargado? ¿A quién debo presentar mi denuncia?».

Søren Kierkegaard, *Repetición*

¿Dónde estabas cuando te asaltó el sinsentido de la vida? ¿Fue durante tu tercera cena de la semana calentada en el microondas, mientras reflexionabas sobre el sabor y los beneficios para la salud de la salsa de tomate? ¿Qué pasa cuando presionas el botón de enviar a las dos de la madrugada después de haber completado una tarea urgente y te das cuenta de que el mundo, muy probablemente, no mejorará ni un ápice a la luz de tu logro? Tal vez una tragedia que te cambió la vida hizo que te dieras cuenta de que no te habías esforzado por contemplar lo que realmente quieres de la vida. O tal vez simplemente te despertaste una mañana, te miraste en el espejo del baño y te preguntaste si había algo más en esta pequeña locura llamada vida.

No te preocupes, no estás solo. En este libro, estarás en compañía de muchos grandes pensadores y filósofos que se enfrentaron cara a cara a la insignificancia de la existencia y obtuvieron un sentido de la vida revitalizado y positivo.

Como seres humanos, anhelamos que nuestras vidas importen, sean valiosas y tengan sentido. Estamos «programados para buscar significado», como ha argumentado el profesor de psicología Roy Baumeister. [1] La falta de significado es una privación psicológica grave asociada a la depresión e incluso al suicidio. [2] El significado es importante para la motivación humana, el bienestar y, en general, para tener una vida considerada digna de ser vivida. [3] De hecho, varios estudios han demostrado que aquellos individuos que experimentan un fuerte sentido de propósito en la vida tienden a vivir más tiempo. [4] Viktor Frankl, superviviente del Holocausto y destacado psiquiatra, lo observó de primera mano durante su tiempo en los campos de concentración. Solo aquellos individuos que podían mantener un sentido de propósito en condiciones tan intolerables tenían la posibilidad de sobrevivir. Le gustaba citar a Nietzsche: «Quien tiene un porqué para vivir, puede soportar casi cualquier cómo». [5]

El problema es que la cultura occidental se ha vuelto cada vez más incapaz de responder a la inevitable pregunta de «por qué» de una mane-

---

1. Roy F. Baumeister y Kathleen D. Vohs: «The Pursuit of Meaningfulness in Life», en *Handbook of Positive Psychology*, eds. Charles R. Snyder y Shane J. Lopez, 608–618, Oxford University Press, Nueva York, 2002, 613.

2. Lisa L. Harlow, Michael D. Newcomb y Peter M. Bentler: «Depression, Self-Derogation, Substance Use, and Suicide Ideation: Lack of Purpose in Life as a Mediational Factor», *Journal of Clinical Psychology* 42, n.º 1, 1986, 5–21; Craig J. Bryan, William B. Elder, Mary McNaughton-Cassill, Augustin Osman, Ann Marie Hernandez y Sybil Allison, «Meaning in Life, Emotional Distress, Suicidal Ideation, and Life Functioning in an Active Duty Military Sample», *The Journal of Positive Psychology* 8, n.º 5, 2013, 44–452. Para una comparación a nivel nacional de las tasas de significación y las tasas de suicidio, consulta, Shigehiro Oishi y Ed Diener, «Residents of Poor Nations Have a Greater Sense of Meaning in Life Than Residents of Wealthy Nations», *Psychological Science* 25, n.º 2, 2014, 422–430.

3. Véase Michael F. Steger: «Meaning and Well-Being», en *Handbook of Well-Being*, eds. Ed Diener, Shigehiro Oishi y Louis Tay, DEF Publishers, Salt Lake City, UT, 2018.

4. Véase Randy Cohen, Chirag Bavishi y Alan Rozanski: «Purpose in Life and Its Relationship to All-Cause Mortality and Cardiovascular Events: A MetaAnalysis», *Psychosomatic Medicine* 78, n.º 2, 2016, 122–133, para un metanálisis de diez estudios prospectivos con un total de 136 265 participantes.

5. Viktor Frankl: *Man's Search for Meaning*, Washington Square Press, Nueva York, 1963, pág. 164. (El hombre en busca de sentido, Herder, Barcelona, 2021). La cita es originalmente del libro de Nietzsche *El crepúsculo de los ídolos*.

ra real o satisfactoria. A lo largo de la historia, la mayoría de las civilizaciones han respondido al anhelo de significado proporcionando un marco cultural estable que incluye respuestas a las preguntas más importantes de la vida. Cuando nuestros antepasados se preguntaron «¿Cómo debo vivir mi vida?», recurrieron a su cultura —las costumbres, creencias e instituciones serias y estables de la sociedad— para obtener orientación. Sin embargo, la era cultural que vivimos hoy ha desestabilizado los viejos fundamentos del significado. Si bien la ciencia moderna ha mejorado enormemente las condiciones materiales de la vida, se ha mermado el impulso de los sistemas de valores y las explicaciones del viejo mundo y no se ha proporcionado una nueva base sólida para los valores y el significado humanos. Como sostiene el experto en historia de la moralidad, el filósofo escocés Alasdair MacIntyre, los valores occidentales modernos se basan en fragmentos de una cosmovisión más antigua que ya no tiene sentido. [6] Las sociedades occidentales han heredado ciertos valores pero han perdido el contacto con la cosmovisión más amplia que solía fundamentarlos y justificarlos. Y la influencia de esta cosmovisión occidental cada vez más secular e individualista se está fortaleciendo actualmente en todo el mundo. [7]

En la cosmovisión moderna idealista, eres libre de obtener tu propio sentido de significado y abrir tu propio camino único, basado en los valores seleccionados por ti mismo. Por desgracia, en lugar de sentirte liberado, simplemente te sientes vacío. Trabajas más, de manera más inteligente y más eficaz que las generaciones anteriores, pero cada vez te sientes más perdido a la hora de explicar por qué te esfuerzas tanto. ¿Para qué sirve tu tediosa labor? Has caído voluntariamente en la «trampa de la ocupación» que el autor Tim Kreiner describe de forma tan elocuente: «La ocupación sirve como una especie de seguridad existencial, una protección contra el vacío; como es lógico, tu vida no puede ser

6. Alasdair MacIntyre: *After Virtue*, 3.ª ed., University of Notre Dame Press, Notre Dame, IN, 2007 (*Tras la virtud*, Austral, Madrid, 2013).

7. Véase especialmente Christian Welzel: *Freedom Rising: Human Empowerment and the Quest for Emancipation*, Cambridge University Press, Nueva York, 2013.

tonta, trivial o sin sentido si estás tan ocupado, completamente absorbido, cada hora del día».[8] Haces todo lo que puedes para retener esa sensación de ajetreo y urgencia para evitar el aburrimiento y la amenaza de estar solo con tus pensamientos. Las personas parecen estar dispuestas a perseguir cualquier objetivo que las figuras de autoridad les prescriban para evitar pensar en lo que realmente quieren hacer con sus vidas. Esto explica la rareza de la existencia moderna que señaló el filósofo Iddo Landau: «Muchos dedican más pensamiento en una noche a deliberar sobre a qué restaurante deberían ir o qué película deberían ver que en toda su vida a deliberar sobre qué haría sus vidas más significativas». [9]

Para vivir una vida elegida por uno mismo, para gobernar tu propio barco, debes tener una idea clara de la dirección que deseas tomar. Para eso, necesitas algunos valores fundamentales que te ayuden a enfrentarte a los desafíos de la vida. Y para eso, necesitas tomarte un tiempo que te permita contemplar y cuestionar tus elecciones de vida y enfrentarte a cualquier duda existencial que pueda permanecer debajo de la superficie de tu existencia. Hay una larga y legendaria historia de pensadores, desde Lev Tolstói y Thomas Carlyle hasta Simone de Beauvoir y Søren Kierkegaard, pasando por Alan W. Watts, que descubrieron que solo enfrentándote a lo absurdo de la vida y abrazando la insignificancia de la existencia puedes liberarte para encontrar un sentido más sólido de significado en tu vida. Este libro ofrece una nueva forma de pensar sobre la significación que se dirige a nuestra humanidad común para que, sin importar tus orígenes culturales, religiosos o de otra índole, seas guiado hacia una vida más plena y significativa.

Quiero ayudarte a vivir una existencia más significativa. Después de una década de investigación sobre la filosofía, la psicología y la historia del significado de la vida, me di cuenta de que identificar lo que hace que la vida sea significativa es más fácil de lo que pueda pensarse. De hecho,

---

8. Tim Kreiner: «The "Busy" Trap», *New York Times*, 30 de junio, 2012. https://opinionator.blogs.nytimes.com/2012/06/30/the-busy-trap/.

9. Iddo Landau: *Finding Meaning in an Imperfect World*, Oxford University Press, Nueva York, 2017, 205.

probablemente haya una gran cantidad de significado en tu vida, si te abres a verlo y sentirlo. La razón por la que el significado de la vida a menudo se antoja como un acertijo imposible y angustioso es que nosotros, como cultura, seguimos usando viejos modelos para pensar en la pregunta que ya no tienen sentido. Si cambias tu forma de pensar, te darás cuenta de que las respuestas que buscas pueden obtenerse de tu vida cotidiana. Este libro explica por qué los humanos buscan un significado, examina el error histórico que ha dado lugar a la ansiedad existencial moderna y ofrece caminos fáciles de seguir que conducen hacia una existencia más significativa. Algunas de las ideas pueden parecer extrañas, otras pueden ser obvias y otras puede que ya las hayas aceptado por completo. Juntas, sin embargo, tienen como objetivo ofrecer una base sólida y estable para que construyas una existencia satisfactoria, positiva y más significativa.

NO ELEGISTE NACER

No elegiste nacer. Nadie te pidió permiso para participar. Nadie te proporcionó un manual de instrucciones y, sin embargo, aquí estás, arrojado al mundo en el que debes actuar, para hacer algo significativo en el tiempo limitado de existencia que se te brinda. [10] Y será mejor que lo averigües pronto. Antes de que sea demasiado tarde. Como dice el narrador, el personaje que interpreta Edward Norton, en la película *El club de la lucha*: «Esta es tu vida y se acaba a cada minuto».

---

10. Esta visión de la condición humana se deriva de William James y John Dewey, dos figuras clave de la tradición filosófica pragmática. Véase Frank Martela: «Pragmatism as an Attitude», en *Nordic Studies in Pragmatism* 3: *Action, Belief and Inquiry: Pragmatist Perspectives on Science, Society and Religion*, ed. Ulf Zackariasson, 187-207, Nordic Pragmatism Network, Helsinki, 2015, y la introducción de mi segunda disertación, Frank Martela, «A Pragmatist Inquiry into the Art of Living: Seeking Reasonable and Life-Enhancing Values within the Fallible Human Condition», Universidad de Helsinki, Helsinki, 2019.

Primera parte:
Por qué los humanos buscan significado

1

Superar lo absurdo de la vida

«Sucede que los decorados se derrumban. Levantarse, coger el tranvía, cuatro horas en la oficina o en la fábrica, comer, dormir y lunes, martes, miércoles, jueves, viernes y sábado al mismo ritmo, el camino que se sigue con facilidad la mayor parte del tiempo. Pero, entonces, un día surge el "por qué" y todo comienza con esa lasitud teñida de asombro».

ALBERT CAMUS, *El mito de Sísifo*

La vida es absurda y eso está bien. Nadie ha escrito acerca de ello con más elocuencia que Albert Camus en *El mito de Sísifo.*[11] El libro, un clásico de la literatura existencial, deriva su título de la leyenda de Sísifo, el personaje de la antigua Grecia que, habiendo desafiado a los dioses, recibe un castigo eterno: es condenado para siempre a empujar una roca por una montaña solo para verla rodar hacia abajo y luego empujarla de nuevo hacia arriba, *ad infinitum*. Camus consideraba a Sísifo como un héroe del absurdo, una especie de Phil Connors de la mitología griega. Phil Connors es el meteorólogo ficticio de la televisión en Punxsutawney, Pensilvania, de la película *El día de la marmota*, que lo intenta todo, incluido el suicidio, para romper la monotonía de su existencia mundana. Sin embargo, Connors se despierta puntualmente con la misma canción de radio en el mismo pueblo, destinado a seguir la misma trayectoria sin sentido de su

11. Albert Camus: *El mito de Sísifo*, Alianza Editorial, Madrid, 2012.

vida. Dice: «Una vez estuve en las Islas Vírgenes. Conocí a una chica. Comimos langosta, bebimos piñas coladas. Al atardecer hicimos el amor como nutrias marinas. Ese fue un buen día. ¿Por qué no me ha tocado vivir ese día una y otra vez?». ¿Quién de nosotros no puede empatizar con ese sentimiento? Incluso en un buen día, nuestras vidas a menudo parecen estancadas en un bucle sin fin.

Por supuesto, como autor de tu propia vida, estás muy implicado en ella. Sin embargo, de vez en cuando puedes despertar a la posibilidad de que, desde el punto de vista del universo, tu vida es pequeña, accidental y no tiene ningún valor en particular. La discrepancia entre sentir que tu vida es muy valiosa y saber que es posible que no puedas justificar ese sentimiento es la noción del absurdo. El filósofo Todd May lo llama «la confrontación de nuestra necesidad de significado con la falta de voluntad del universo para cedérnoslo». [12] Es el dilema que surge cuando no puedes expresar por qué vale la pena llevar a cabo tus acciones o por qué vale la pena vivir tu vida. Ocurre cuando pierdes el contacto con un marco (personal, familiar, social) que podría decirte qué es realmente valioso.

Esto es lo que le sucede cada vez más a la cultura occidental. En su análisis clásico de la sociedad estadounidense, *Habits of the Heart*, el sociólogo Robert Bellah señala que el panorama moral de los estadounidenses modernos se ha convertido en las preferencias de los individuos egoístas. Tanto es así, de hecho, que los objetivos finales de una buena vida se han convertido en «una cuestión de elección personal». [13] Las personas ya no se sienten guiadas por un marco cultural sólido. En lugar de saber cómo vivir, se sienten obligadas a elegir cómo vivir. Como dijo Jean-Paul Sartre, «si Dios no existe, todo está permitido». [14] Ten en cuenta lo siguiente: una encuesta mundial de Gallup en 2007 entrevistó a más de 140 000 personas de 132 países diferentes. Entre otras muchas pre-

12. Todd May: *A Significant Life: Human Meaning in a Silent Universe*, University of Chicago Press, Chicago, 2015, ix.

13. Robert N. Bellah, Richard P. Madsen, William M. Sullivan, Ann Swidler y Steven M. Tipton: *Habits of the Heart*, University of California Press, Berkeley, 1985, 20-22 y 76.

14. Jean-Paul Sartre: *El existencialismo es un humanismo*, Edhasa, Barcelona, 2006.

guntas se formuló esta: «¿Sientes que tu vida tiene un propósito o significado importante?». Cuando la felicidad o la satisfacción con la vida se examinan a una gran escala internacional, los investigadores suelen encontrar los mismos resultados una y otra vez: las naciones más ricas, medida la riqueza por el producto interno bruto *per capita*, tienden a tener ciudadanos más felices que las naciones más pobres. [15] Lo contrario también se daba, sin embargo, cuando los investigadores compararon las respuestas a esta pregunta de la encuesta Gallup. Mientras que el 91 % de las personas de todo el mundo encontraban sentido en sus vidas, las personas de países más ricos como el Reino Unido, Dinamarca, Francia y Japón eran más propensas a informar de que su vida carecía de propósito o significado, mientras que en naciones más pobres como Laos, Senegal y Sierra Leona, prácticamente todo el mundo afirmaba que su vida tenía sentido. [16] Los países más ricos, donde la ausencia de sentido de la vida era más común, tenían también las tasas de suicidio más altas.

Para la mayoría de nosotros, la incomodidad existencial es una ola que nos invade rápida pero claramente y deja tras ella la impresión, la sensación de que tal vez la vida no es todo lo que parece, y luego suena el despertador por la mañana. Luego empieza otro día y vuelves a ver las cosas con mejores ojos. Después de todo, hay una roca que necesita un buen empujón. Pero hay otra forma. Es posible construir una cosmovisión que pueda resistir el desafío de lo absurdo, una cosmovisión que no solo sea compatible con lo que la ciencia moderna nos dice sobre el universo y el lugar de la humanidad en él, sino que también conserve un sentido de valor justificado, significación y felicidad sostenible. Pero primero analicemos a fondo la noción de lo absurdo para comprender mejor cómo destruye la ilusión de un gran sentido cósmico de significación. Solo entonces podrás comenzar a dar pasos reales hacia la liberación personal.

---

15. Angus Deaton: «Income, Health and Well-Being Around the World: Evidence from the Gallup World Poll», *Journal of Economic Perspectives* 22, n.º 2, 2008, 53–72.

16. Shigehiro Oishi y Ed Diener: «Residents of Poor Nations Have a Greater Sense of Meaning in Life Than Residents of Wealthy Nations», *Psychological Science* 25, n.º 2, 2014, 422–430.

2

Eres cósmicamente insignificante, impermanente y arbitrario, y eso está bien

«Las revelaciones de nuestro siglo, de una amplitud impensable y una pequeñez inimaginable, de períodos abismales de tiempo geológico cuando no éramos nada, de galaxias supernumerarias y comportamiento subatómico indeterminado, de una especie de violencia matemática loca en el corazón de la materia, nos han producido quemaduras mucho más profundas de lo que creemos».

JOHN UPDIKE, *Ensayo crítico sobre la evolución*

Lo absurdo, como se ha señalado, se refiere a que el universo no produce el tipo de significado que buscas en él. Un patrón de pensamiento comienza de manera bastante inocente y luego profundiza demasiado, abre las cortinas de la existencia y de repente te encuentras cara a cara con lo absurdo de la vida. Por lo general, te topas con lo absurdo a través de tres posibles vías: te das cuenta de que la vida parece (1) insignificante, (2) impermanente, o que (3) todos los valores y metas que contiene se antojan arbitrarios.[17] Veamos estos tres jinetes del absurdo más de cerca

---

17. Joe Minttoff estableció estas tres dimensiones del absurdo. Véase Joe Mintoff: «Transcending Absurdity», *Ratio* 21, n.º 1, 2008, 64–84.

porque es necesario echar una mirada sana al abismo para identificar el camino hacia el otro lado.

SOBRE LA INSIGNIFICANCIA

Si la edad del universo, unos catorce mil millones de años, se contara en veinticuatro horas, nuestra especie hubiera comenzado su avance evolutivo quince segundos antes de la medianoche. Tu propia vida terminaría en una fracción de segundo. La cuestión de lo que es significativo desde el punto de vista del universo puede ser francamente estimulante, pero también existencialmente confusa: ¿cómo se supone que debes averiguar qué valor asigna el cosmos —los planetas y las galaxias, llenas de innumerables estrellas titilantes e impresionantes sistemas solares— a cualquier cosa, por no decir tu vida? Como escribe el astrofísico estadounidense Neil deGrasse Tyson, «el universo no tiene la obligación de tener sentido para ti», [18] una frase que resultaría graciosa si no fuera tan cierta.

> *«Fíjate de nuevo en ese punto. Eso es aquí. Ese es mi hogar. Esos somos nosotros. Todas las personas a las que amas, a las que conoces o de las que has oído hablar, todos los seres humanos que alguna vez lo fueron, han vivido sus vidas ahí… sobre una mota de polvo suspendida en un rayo de sol».*
>
> Carl Sagan, 1994, señalando la última fotografía de la Tierra tomada por el Voyager 1 antes de salir del sistema solar.

No solía ser así: nuestros antepasados creían que la tierra era el centro de todo. El hombre era un punto focal de la atención de Dios y viceversa.

---

18. Neil deGrasse Tyson: *Astrophysics for People in a Hurry*, W. W. Norton y Company, Nueva York, 2017, 13. (Astrofísica para gente con prisas, Paidós, Barcelona, 2017.)

En los mitos de la creación de la mayoría de las culturas, el hombre ha tenido un papel principal en el juego cósmico de la existencia. La maldición de vivir en el siglo XXI con conciencia de la astrofísica, la cosmología y otras ciencias es que sabemos demasiado. Hoy en día, poseemos un conocimiento científico sólido y basado en hechos sobre las proporciones cósmicas y los vastos períodos de la historia anteriores a nuestra propia existencia, que inevitablemente conducen a la conclusión articulada por el filósofo Thomas Nagel: «Somos pequeñas motas en la infinita inmensidad del universo».[19]

SOBRE LA IMPERMANENCIA

> *«Cualquiera que haya perdido algo que pensó que era suyo para siempre finalmente se da cuenta de que nada le pertenece de verdad».*
>
> PAULO COELHO, *Once minutos*

Como ser temporal, habitas un cuerpo que envejece, enferma y, finalmente, muere y se desintegra. Sin embargo, la muerte no es el único ámbito de la impermanencia. La propia naturaleza de la vida misma —nuestro bienestar físico, emocional e intelectual— es temporal. Todo cambia, y lo hace de un instante al siguiente. Los budistas están muy en sintonía con la idea de impermanencia, *anicca*, que ven como una de las tres características básicas de la existencia mediante la cual se reconoce que toda vida es evanescente, se encuentra en un constante estado de cambio y, eventualmente, se disuelve. Sin embargo, no es necesario ser budista para lidiar con pensamientos de impermanencia. Son el agujero de gusano del absurdo: es tentador concluir que no vale la pena el viaje si el viaje en sí desaparecerá sin remedio.

---

19. Thomas Nagel: «The Absurd», *The Journal of Philosophy*, 68, n.º 20, 1971, 716-727, 717.

SOBRE LA ARBITRARIEDAD

«Sé justo y, si no puedes serlo, sé arbitrario.»

WILLIAM S. BURROUGHS, *El almuerzo desnudo*

La arbitrariedad de la vida gira en torno a la idea de que nuestros objetivos, metas y valores carecen de una justificación final.[20] Nos tomamos muy en serio algunos principios y valores de la vida, hasta el punto de dejar que guíen nuestras elecciones y acciones en la vida. Pero ¿estos grandes valores están justificados o son meras preferencias que hemos llegado a respaldar arbitrariamente? Aunque preferiríamos que nuestros valores se basaran de alguna manera en el universo, nos hemos vuelto cada vez más conscientes de que el universo como tal no contiene valores y no tiene opinión sobre los nuestros. La teoría de la relatividad de Einstein no tiene nada que decir sobre por qué algo debería tener significado o valor. El universo físico es indiferente.

La vida, como un ensamblaje peculiar de materia capaz de autorreplicar su forma, emergió de forma arbitraria en el escenario cósmico en un momento de la historia del universo, pero no generó valores objetivos. Los valores son una invención inherentemente humana y, de hecho, lo único que separa los valores humanos de las preferencias animales es que los primeros son más reflexivos y pueden expresarse con el lenguaje. Cuando miras tinta sobre papel, automáticamente ves letras y palabras. Pero la tinta es solo tinta: las letras existen solo en tu mente, a través de tu interpretación. Lo mismo ocurre con los valores. No hay nada detrás de tus valores *per se*: existen porque tú y las personas que te rodean los habéis respaldado como tales.

Cada vez más personas ven sus metas y valores en la vida como algo que todos pueden elegir con libertad. Pero esto es preocupante porque si todos tus objetivos y valores dependen de ti individualmente, entonces, en

20. Mintoff: «Transcending Absurdity», *Ratio*.

última instancia, nada parece ser más digno de hacer que cualquier otra cosa. Si se necesita una justificación permanente y final para que nuestras acciones importen, nosotros, como sociedad, parece que hemos perdido el contacto con ella.

EL PUNTO DE NO RETORNO

Enfrentarte a la posibilidad de que seas un ser insignificante, impermanente y arbitrario que flota en un punto azul pálido del universo puede sonar como una visión lúgubre de la existencia. Si bien es probable que no andes por ahí contemplando lo absurdo a diario, está claro que pensar en ello deja una impresión duradera. Como escribió Lev Tolstói en *Confesión*: «No podemos dejar de saber lo que sabemos».[21] Una vez que te has despertado a la posibilidad de que la vida humana no tenga un valor cósmico inherente, nunca podrás olvidarlo por completo.

Como no hay vuelta atrás, la única forma es seguir hacia adelante. Afortunadamente, hay una manera de esforzarse, crear y vivir con alegría a pesar de ese conocimiento. Tienes herramientas a tu disposición para crear una vida más significativa aquí y ahora, como te mostrará el resto de este libro.

Sin embargo, en lugar de abordar la situación de frente, la mayoría de las personas optan por una solución alternativa y se entregan a métodos de distracción muy sofisticados. Industrias enteras han surgido de ese pozo: si no quieres lidiar con lo absurdo, hay un millón de maneras diferentes de entretener y complacer tu negación, desde selfis y *likes* en Facebook hasta entretenimiento que se puede descargar instantáneamente y terapia al por menor. En consecuencia, vivir con la conciencia persistente de que la vida podría carecer de sentido cósmico no suele traducirse directamente en una negación explícita del significado, sino que conduce más a menudo a vagos sentimientos de incomodidad, actitud defensiva e

21. Lev Tolstói: *Confesión*, Acantilado, Barcelona, 2008.

inseguridad que rodean tu vida y tus metas y valores personales. Mientras las cosas te vayan bien en la vida, es posible que puedas suprimir tus dudas existenciales. Pero cuando las cosas se derrumban (las relaciones, la salud personal o tu carrera profesional), cuando más te beneficiarías de tener un marco estable y de apoyo que dé sentido a tu sufrimiento, es posible que te vuelvas muy consciente de la inestabilidad y la vaguedad de tus valores. Por eso la distracción no es una buena estrategia a largo plazo para las cuestiones existenciales.

De las muchas distracciones que nuestra cultura ha generado para llenar el vacío, quizá la ideología más prevalente es que necesitas ser feliz. Pero perseguir la felicidad contiene una paradoja, como descubriremos en el próximo capítulo.

3

La felicidad es un pobre objetivo de vida

«Solo son felices (pensé) aquellos que tienen la mente fija en algún objeto que no sea su propia felicidad: en la felicidad de los demás, en la mejora de la humanidad, incluso en algún arte o actividad, no como un medio, sino como un fin ideal en sí mismo. Apuntando así a otra cosa, encuentran la felicidad por el camino».

JOHN STUART MILL, *Autobiografía*

Tras haber perdido contacto con el tipo de gran historia que alguna vez sació la sed de significado de nuestros antepasados, hemos psicologizado y reducido la existencia humana a un modelo simple: evitar el dolor y buscar el placer. La felicidad ha llenado el espacio que antes ocupaban los valores trascendentales y ha pasado a ser el único propósito de la vida por el que vale la pena luchar. En consecuencia, la felicidad se ha convertido en uno de los objetivos de vida más celebrados en la cultura occidental moderna. También es un gran negocio: mientras que en 2000 solo se publicaron cincuenta libros sobre el tema, ocho años después ese número creció a casi cuatro mil.[22] Hoy en día, las sofisticadas corporaciones contratan a gestores de la felicidad para ayudar a garantizar el bienestar de

22. Carlin Flora: «The Pursuit of Happiness», *Psychology Today*, enero de 2009. Disponible en: https://www.psychologytoday.com/intl/articles/200901/the-pursuit-happiness.

los empleados, y se comercializan productos —desde refrescos a perfumes— con una promesa de felicidad embotellada.

Incluso los gobiernos prestan cada vez más atención a esa cuestión. El Informe Mundial sobre la Felicidad, que clasifica a unos 156 países según lo felices que se consideran sus ciudadanos, se publicó por primera vez en 2012 y desde entonces se ha convertido en un evento anual muy esperado. El pequeño reino de Bután, en el Himalaya, sostiene desde la década de 1970 que el objetivo de su gobierno es promover la Felicidad Nacional Bruta, no el Producto Interior Bruto. Mires donde mires, encontrarás artículos de revistas, libros, canciones, campañas publicitarias y de *marketing*, e investigaciones académicas que se dedican al tema. La concepción igualitaria de la felicidad —sentirse bien ahora— se ha convertido en una obsesión, cuya búsqueda se promociona no solo como un derecho individual, sino como una responsabilidad individual.

La felicidad, derivada del término del inglés medieval *hap*, que significa «suerte» u «oportunidad», originariamente tenía más que ver con la buena fortuna y con las cosas que iban bien que con un estado interno de bienestar.[23] Del italiano al sueco, la gran mayoría de las palabras europeas para designar «feliz» significaban en sus orígenes «afortunado». En finlandés, la palabra para designar felicidad (*onnellisuus*) proviene del mismo término que *onnekkuus*, que significa «tener suerte». Los alemanes regalaron *Glück* al mundo, término que hasta el día de hoy significa tanto «felicidad» como «oportunidad». En el contexto de estas definiciones originales, la felicidad se entendía como algo más parecido a una casualidad en el sentido de que no se podía controlar. Se hallaba en manos de los dioses, del destino o, como dice el monje en los *Cuentos de Canterbury* de Chaucer, de la fortuna: «Y así la rueda de la fortuna gira traicioneramente / y de la felicidad lleva a los hombres al dolor».[24] La fortuna era obra de la mano de Dios, una fuerza inexplicable totalmente independiente de las acciones y del estado emo-

23. Darrin M. McMahon: «From the Happiness of Virtue to the Virtue of Happiness: 400 b.c.–a.d. 1780» *Daedalus* 133, n.º 2, 2004, 5-17.

24. Geoffrey Chaucer: *The Canterbury Tales*, adaptado al inglés moderno por J. U. Nilson, Dover Publications, Mineola, NY, 2004, 215.

cional del hombre. Este enfoque en las circunstancias externas reflejaba una cultura en la que las personas estaban mucho menos interesadas en sus sentimientos internos que nosotros en la actualidad.[25]

Durante los siglos XVII y XVIII, la noción de felicidad comenzó a evolucionar lentamente y pasó de ser una prosperidad externa a convertirse en un sentimiento interno o estado del ser.[26] Cuando Thomas Jefferson redactó el famoso pasaje de la *Declaración de Independencia* sobre «la vida, la libertad y la búsqueda de felicidad», lo que él quería decir con «felicidad» probablemente todavía tenía ecos de «prosperidad». Desde entonces, la felicidad se ha convertido más o menos en un sentimiento interno positivo o en una tendencia a experimentar la propia vida en términos positivos.

Otro avance clave acompañó esta nueva definición: se nos ocurrió la idea de que las personas deberían ser felices, que la felicidad era algo que valía la pena perseguir en la vida.[27] Al principio, la felicidad se consideraba el objetivo de la sociedad, como se recoge, por ejemplo, en la *Declaración de Independencia* de Estados Unidos. Pero especialmente desde la década de 1960, las sociedades occidentales han percibido cada vez más la felicidad como un objetivo y una responsabilidad individuales. En consecuencia, ser feliz se ha convertido en una norma cultural y un objetivo de vida evidente por sí mismo.[28] Queremos ser felices porque nuestra cultura nos dice que debemos ser felices. Hemos adquirido una moralidad en la que la bondad de una persona se mide por lo bien que se siente esa persona. La felicidad se ha convertido en la vaca sagrada de nuestra época, en un ideal por el que todos debemos luchar.

---

25. Véase Roy F. Baumeister: «How the Self Became a Problem: A Psychological Review of Historical Research», *Journal of Personality and Social Psychology* 52, n.º 1, 1987, 163–176.

26. Para una historia de la felicidad, véase especialmente M. McMahon: *The Pursuit of Happiness: A History from the Greeks to the Present*, Allen Lane, Londres, 2006.

27. En 1689, John Locke declaró que la «búsqueda de la felicidad» movía al ser humano. John Locke: *An Essay Concerning Human Understanding*, Penguin Books, Londres, 1689/1997, 240. Véase también McMahon. «From the Happiness of Virtue to the Virtue of Happiness».

28. Véase, por ejemplo, Charles Taylor: *The Ethics of Authenticity*, Harvard University Press, Cambridge, MA, 1991.

Pero la cuestión es esta: la felicidad solo es un sentimiento.[29] Es una abundancia de emociones positivas o una sensación general de satisfacción con las condiciones y experiencias de la vida. Y si bien es bueno tener experiencias de vida más agradables que desagradables, la felicidad por sí sola no proporciona un significado duradero ni es una forma de evitar el malestar existencial.

En muchas partes del mundo, la felicidad no se pone en un pedestal. Una vez tuve una larga discusión sobre el tema con un profesor chino de psicología que me explicó que para la generación de sus padres, ser personalmente feliz no era algo que se considerase importante. Todo lo contrario: ser personalmente infeliz se veía como un distintivo de honor, mostraba los sacrificios que uno había hecho por su familia o por la nación. Y estos sacrificios se consideraban mucho más valiosos que el fugaz sentimiento de felicidad. Haciéndose eco de esto, en un estudio de investigación realizado en 2004 se pidió a estudiantes universitarios de Estados Unidos y de China que escribieran ensayos cortos en respuesta a la pregunta: «¿Qué es la felicidad?».[30] Muchos estudiantes estadounidenses enfatizaron la importancia de la felicidad como un objetivo supremo en la vida, mientras que en los escritos de los estudiantes chinos no aparecían declaraciones tan contundentes sobre el valor de la felicidad y su búsqueda. Así pues, lo primero que hay que tener en cuenta sobre la felicidad es que no es un objetivo evidente por sí mismo y su importancia varía de una cultura a otra.

En segundo lugar, tener la felicidad como meta en la vida puede ser contraproducente y puede disminuir la felicidad que ya se tiene. Para su

29. La definición exacta de felicidad es un gran debate dentro de la filosofía y la psicología occidentales: algunos asocian la felicidad con la satisfacción con la vida, otros con la abundancia de emociones y sentimientos positivos, y otros construyen explicaciones más complejas de la felicidad como un individuo que responde favorablemente, en términos emocionales, a la propia vida. Pero para nuestrao discurso actual, no es necesario establecer una definición exacta de felicidad, ya que lo que voy a decir al respecto se aplica a todas las definiciones que consideran la idea de felicidad como un conjunto de sentimientos subjetivos, emociones o respuestas favorables a la vida. Para mayor información sobre la definición de felicidad, véase, por ejemplo, Daniel M. Haybron: *The Pursuit of Unhappiness: The Elusive Psychology of Well-Being*, Oxford University Press, Nueva York, 2008.

30. Luo Lu y Robin Gilmour: «Culture and Conceptions of Happiness: Individual Oriented and Social Oriented SWB», *Journal of Happiness Studies* 5, n.º 3, 2004, 269–291.

libro *The Geography of Bliss*, Eric Weiner entrevistó a una mujer llamada Cynthia que, tras haber decidido establecerse, sacó un mapa y decidió calcular dónde sería más feliz.[31] Quería vivir en un lugar que tuviera una rica escena cultural, y una gastronomía decente, y que estuviera cerca de la naturaleza, preferiblemente en la montaña. Terminó eligiendo Asheville, Carolina del Norte, una ciudad pequeña pero con mucha vida cultural rodeada de montañas y naturaleza. Pero cuando Weiner le preguntó si consideraba Asheville su hogar, Cynthia dudó. Asheville estaba cerca de cumplir con todos sus diversos criterios, pero aún no era el lugar óptimo. Todavía estaba buscando. Aunque había vivido en Asheville durante tres años, lo consideraba «su hogar por ahora». Weiner señala que ese es «el problema de los indecisos hedónicos como Cynthia y de muchos de nosotros, los estadounidenses, y de nuestra búsqueda perpetua de la felicidad. Puede que seamos bastante felices ahora, pero siempre existe el mañana y la perspectiva de un lugar más feliz, una vida más feliz. Así que todas las opciones quedan sobre la mesa. Nunca nos comprometemos por completo». Y continúa: «Eso es, creo, peligroso. No podemos amar un lugar, o a una persona, si siempre tenemos un pie al otro lado de la puerta».[32]

En su afán por obtener la máxima felicidad de cada circunstancia de la vida, las personas que entrevistó Weiner no pudieron comprometerse con nada porque habían perdido la capacidad de disfrutar de la vida tal como es. Y este no es en absoluto el único ejemplo de cómo la búsqueda de la felicidad puede ser contraproducente. La investigación psicológica no solo demuestra que las personas que están más comprometidas con maximizar su propia felicidad son las que menos disfrutan de la vida,[33] sino también que centrarse de forma exclusiva en la propia felicidad personal puede dañar las

---

31. Eric Weiner: *The Geography of Bliss*, Hachette Book Group, Nueva York, 2008, 316–318.

32. Weiner: *Geography of Bliss*, 318.

33. Iris B. Mauss, Maya Tamir, Craig L. Anderson y Nicole S. Savino: «Can Seeking Happiness Make People Unhappy? Paradoxical Effects of Valuing Happiness», *Emotion* 11, n.º 4, 2011, 807-815. Véase también Maya Tamir y Brett Q. Ford: «Should People Pursue Feelings That Feel Good or Feelings That Do Good? Emotional Preferences and Well-Being», *Emotion* 12, n,º 5, 2012, 1061-1070.

relaciones sociales, que a menudo son la verdadera fuente de felicidad.[34] Por último, la norma cultural predominante de que todos debemos ser felices, en realidad solo nos dificulta tolerar los momentos infelices e inevitables de la vida.[35] Sentirse infeliz se convierte así en una doble carga: no solo te sientes infeliz, sino que también te sientes culpable por no haber cumplido con la norma cultural según la cual deberías ser feliz todo el tiempo.

¿Qué pasa si la felicidad no es el tipo de objetivo primordial en la vida que pensamos que es? Valoramos muchas cosas —el amor, la amistad, los logros y la capacidad de expresarnos— no porque nos aporten sentimientos positivos, sino porque enriquecen nuestra vida como tales y las consideramos dignas por sí mismas.[36] La bondad de la amistad, por ejemplo, no se puede reducir a la cantidad de emociones positivas extraídas de esa amistad. El valor de la verdadera amistad es visible sobre todo durante los momentos difíciles de la vida: por ejemplo, cuando un amigo tuyo está gravemente enfermo o atraviesa una crisis y necesita apoyo. También valoramos a nuestros amigos en los malos tiempos, sabiendo que nuestro apoyo es mutuamente enriquecedor para la vida, incluso en momentos en los que no todo es diversión y juegos. Los humanos somos complejos: nos preocupamos de muchas más cosas en la vida que de la mera presencia o ausencia de sentimientos positivos.[37] La felicidad es una experiencia agradable, pero convertirla en una meta única es un insulto a la riqueza de lo que los seres humanos realmente valoran en la vida.

---

34. Iris B. Mauss, Nicole S. Savino, Craig L. Anderson, Max Weisbuch, Maya Tamir y Mark L. Laudenslager: «The Pursuit of Happiness Can Be Lonely», *Emotion* 12, n.º 5, 2012, 908-912.

35. En el caso de las personas que tienen síntomas depresivos, informar constantemente sobre sus niveles de felicidad puede ser perjudicial para su bienestar. Véase Tamlin S. Conner y Katie A. Reid: «Effects of Intensive Mobile Happiness Reporting in Daily Life», *Social Psychological and Personality Science* 3, n.º 3, 2012, 315-323.

36. Muchos filósofos tienden a ver la felicidad y la significación como dos valores separados y fundamentales en la vida humana. Véase Thaddeus Metz: *Meaning in Life: An Analytic Study*, Oxford University Press, Oxford, 2013, capítulo 4; y Susan Wolf: «Meaningfulness: A Third Dimension of the Good Life», *Foundations of Science* 21, n.º 2, 2016, 253-269.

37. El experimento mental del filósofo Robert Nozick sobre una máquina de experiencias que proporciona todos los placeres posibles es el ejemplo clásico de esto. Podría decirse que las personas no están demasiado ansiosas por conectarse a una máquina de este tipo. Véase Robert Nozick: *Anarchy, State, and Utopia*, Blackwell, Padstow, 1974, 42.

Dicho esto, es difícil dejar de lado la felicidad como objetivo porque nuestra cultura está llena de mensajes que nos recuerdan que debemos ser felices. Si enciendes la televisión, especialmente durante los anuncios, encontrarás toda una industria de personas sonrientes, saludables y hermosas que venden la felicidad como un bien empaquetado. No te dejes engañar por estos falsos profetas.

No sacrifiques las cosas buenas de la vida con la vana esperanza de ser más feliz. La felicidad es solo un sentimiento. Y ya está. Un producto secundario que se obtiene de algo valioso en lugar del verdadero valor en sí. En consecuencia, la búsqueda de la felicidad personal es una mala respuesta a la pregunta de qué podría hacer que nuestras vidas sean verdaderamente valiosas y significativas.

Felicidad y *heavy metal*: es complicado

«Quiero señalar que Finlandia tiene quizá la mayor cantidad del mundo de bandas de heavy metal *per cápita, y también ocupa un lugar destacado en el ranquin de la buena gobernanza. No sé si hay alguna correlación en eso».*

PRESIDENTE BARACK OBAMA, Cumbre Nórdica 2016

Tanto en 2018 como en 2019, el Informe Mundial sobre la Felicidad clasificó a Finlandia como el país más feliz del mundo.[38] Siempre que se mide en todo el mundo la satisfacción con la vida en general, Finlandia y los demás países nórdicos (Suecia, Noruega, Dinamarca e Islan-

38. John F. Helliwell, Richard R. Layard y Jeffrey D. Sachs, eds. Informe Mundial sobre la Felicidad, 2019, Red de soluciones de desarrollo sostenible, Nueva York, 2019. Véanse también los informes anteriores sobre la felicidad mundial.

dia), se ubican entre los diez primeros, con menciones destacadas también por su relativa estabilidad, seguridad y libertad. Con temperaturas que bajan regularmente por debajo del punto de congelación y algunas ciudades envueltas en un estado de oscuridad perpetua durante el largo invierno, ¿de qué tienen que estar tan felices los finlandeses? Resulta que de la música *heavy metal*.

El *heavy metal* tiene mala reputación, pero no en Finlandia. Si la música pop denota veranos de amor, el *heavy metal* es su primo siniestro. Conocida por su oscuro y frío invierno, Finlandia tiene más bandas de *heavy metal* per cápita que cualquier otro lugar del planeta: unas sesenta y tres por cada cien mil habitantes.[39] En Finlandia, el *heavy metal* es el rey y domina por igual tanto los programas de radio como los locales y bares de karaoke. Uno de los grupos más vendidos de todos los tiempos en Finlandia, Children of Bodom, es el rey de reyes: las entradas para sus espectáculos se agotan en todas partes, desde Helsinki hasta Río de Janeiro. Curiosamente, ser el hogar de una gran cantidad de metaleros felices presenta su propio conjunto de contradicciones que tienen una relación directa con los datos sobre la felicidad y la depresión en Finlandia.

Basándose en las encuestas de Gallup World Poll, el Informe Mundial de la Felicidad de 2019 pidió a personas de 156 países que «valoren sus vidas hoy en una escala de 0 a 10, siendo el 0 la peor vida posible y el 10 la mejor vida posible».[40] Esta es la pregunta a la que los finlandeses otorgan de promedio las puntuaciones más altas del mundo. La posición de Finlandia en realidad no sorprende en absoluto, porque en comparación con otros países, Finlandia sobresale en el avance y la promoción del tipo de factores sociales que, gracias a la investigación, sabemos que son importantes para el sentido de satisfacción con la vida de las personas: liberarse de la lucha diaria para po-

---

39. Véase Jakub Marian: «Number of Metal Bands per Capita in Europe», https://jakubmarian.com/number-of-metal-bands-per-capita-in-europe/.

40. John F. Helliwell *et al.*: World Happiness Report 2019.

ner un plato en la mesa, amplios servicios sociales, ausencia de opresión y confianza en el Gobierno.[41]

Sin embargo, la felicidad es más que la satisfacción con la vida. Algunos consideran que se trata más de emociones positivas. Pero cuando examinas cuántas emociones positivas experimentan las personas, la tabla cambia y, de repente, países como Paraguay, Guatemala y Costa Rica se convierten en los lugares más felices de la tierra.[42] Finlandia está muy lejos de la cima, lo que no es sorprendente dada la famosa reputación de los finlandeses de ser personas modestas y humildes que no muestran fácilmente sus emociones. Corre por ahí un viejo chiste sobre un finlandés introvertido que se mira sus zapatos cuando habla contigo y un finlandés extrovertido que mira los tuyos.

Las cosas se complican aún más cuando observamos la prevalencia de la depresión en diferentes países. En algunas comparaciones de la prevalencia per cápita de los trastornos depresivos unipolares, países como Estados Unidos y Finlandia se encuentran cerca de la cima.[43] Aunque hay deficiencias significativas en las comparaciones internacionales de la depresión y otras investigaciones muestran que las tasas de depresión de Finlandia están más cerca del promedio europeo,[44] lo que está claro es que Finlandia está lejos de ser la primera del mundo

---

41. Max Haller y Markus Hadler: «How Social Relations and Structures Can Produce Happiness and Unhappiness: An International Comparative Analysis», *Social Indicators Research* 75, n.º 2, 2006, 169-216; Ronald Inglehart, Robert Foa, Christopher Peterson y Christian Welzel: «Development, Freedom, and Rising Happiness: A Global Perspective (1981–2007)», *Perspectives on Psychological Science* 3, n.º 4, 2008, 264–285.

42. Jon Clifton: «People Worldwide Are Reporting a Lot of Positive Emotions», 21 de mayo, 2014. http://news.gallup.com/poll/169322/people-worldwide-reporting-lot-positive-emotions.aspx.

43. Organización Mundial de la Salud, Estimaciones de salud mundial 2015: AVAD por causa, edad, sexo, país y región, 2000-2015. Organización Mundial de la Salud, Ginebra, 2016.

44. Compárense, por ejemplo, estos dos: Dheeraj Rai, Pedro Zitko, Kelvyn Jones, John Lynch y Richard Araya: «Countryand Individual Level Socioeconomic Determinants of Depression: Multilevel Cross-National Comparison», *The British Journal of Psychiatry* 202, n.º 3, 2013, 195–203; y Alize J. Ferrari, Fiona J. Charlson, Rosana E. Norman, Scott B. Patten, Greg Freedman, Christopher J. L. Murray, *et al.*: «Burden of Depressive Disorders by Country, Sex, Age, and Year: Findings from the Global Burden of Disease Study 2010», *PLOS Medicine* 10, n.º 11, 2013, e1001547.

en la prevención de la depresión. Así pues, y por paradójico que resulte, el mismo país puede ocupar un lugar destacado tanto en satisfacción con la vida como en índice de depresión.

En resumidas cuentas, que no hay nada llamado felicidad. La vida emocional de las personas es compleja. La satisfacción con la vida es diferente de las emociones positivas, que es diferente de la ausencia de emociones negativas y depresión. Si la felicidad es el predominio de las emociones positivas (por no hablar de mostrarlas), Finlandia no es el país más feliz. Si la felicidad es la ausencia de depresión, Finlandia no es el país más feliz.

Pero si la felicidad se trata de una satisfacción general con las condiciones de vida de uno, entonces Finlandia, junto con otros países nórdicos, podría ser el lugar más feliz de la tierra.

Además, sería descuidado descartar la importancia de la música *heavy metal* en el estado de bienestar de los finlandeses. Para un país que se enorgullece de la naturaleza humilde de sus habitantes, la música *heavy metal* contradice esta característica reserva y ofrece una liberación catártica. También ofrece un canal para expresar sentimientos negativos, para gritarlos en lugar de intentar reprimirlos.

De hecho, eso podría ser más importante de lo que pensamos. Para el bienestar emocional de uno, es bueno poder experimentar una variedad de emociones diferentes. La supresión de las llamadas emociones negativas —como la cólera catártica presente en muchas canciones *heavy metal*— rara vez es una buena idea y, a menudo, paradójicamente, conduce a un menor bienestar.[45] Una cultura represiva que no tolere la expresión de las emociones negativas no es saludable y puede tener un efecto perjudicial sobre el bienestar de las personas. En consecuencia, tener una forma de expresar la gama completa de las propias emociones es importante. Y el *heavy metal* podría ser una excelente

45. Véase Brett Q. Ford, Phoebe Lam, Oliver P. John e Iris B. Mauss: «The Psychological Health Benefits of Accepting Negative Emotions and Thoughts: Laboratory, Diary, and Longitudinal Evidence», *Journal of Personality and Social Psychology* 115, n.º 6, 2018, 1075-1092.

manera de gritarlas. La pregunta es: si un *heavy metal* grita en un bosque cubierto de nieve, ¿alguien lo escuchará? Tanto si lo escuchan como si no, probablemente esté más en contacto consigo mismo y sus emociones que su primo tenso, el que constantemente luce una sonrisa forzada.

NO SE TRATA DE DINERO

Las personas a menudo cometen el error de equiparar la felicidad con el éxito financiero. Este tipo de pensamiento les resulta muy útil a las agencias de publicidad y corporaciones que venden los mismos productos que tú estás convencido de que son la clave para la felicidad personal. Las investigaciones muestran que solo en el extremo inferior de la escala de ingresos es donde el dinero tiene un impacto significativo en los sentimientos de felicidad. Las personas que no pueden pagar el alquiler o los alimentos o atender sus necesidades más básicas informan de un bienestar significativamente menor que las personas que sí pueden hacerlo. En estos casos, los ingresos adicionales pueden marcar una gran diferencia. Sin embargo, una vez que se atienden las necesidades básicas, la riqueza tiene un efecto directo cada vez más pequeño sobre la felicidad.[46] Varios estudios han demostrado que después de cierto punto en la escala de ingresos, el dinero solo ayuda marginalmente o nada. Según un estudio reciente, después de cierto punto, de hecho, las emo-

---

46. La relación es más logarítmica que lineal, pero los investigadores aún debaten si existe un punto de saciedad para la satisfacción con la vida. En general, el afecto positivo establece relaciones más débiles con la riqueza y en eso se observa más fácilmente el punto de saciedad. Véase Daniel Kahneman y Angus Deaton: «High Income Improves Evaluation of Life But Not Emotional Well-Being», *Actas de la Academia Nacional de Ciencias*, 107, n.º 38, 2010, 16489-16493; Eugenio Proto y Aldo Rustichini: «A Reassessment of the Relationship Between GDP and Life Satisfaction», *PLOS ONE* 8, n.º 11, 2013, e79358; y Daniel W. Sacks, Betsy Ayer Stevenson y Justin Wolfers, «The New Stylized Facts About Income and Subjective WellBeing», *Emotion* 12, n.º 6, 2012, 1181-1187.

ciones positivas y la satisfacción con la vida de las personas comienzan a disminuir.[47]

En Norteamérica, el punto de inflexión son noventa y cinco mil dólares en cuanto a satisfacción con la vida y sesenta mil dólares en cuanto a emociones positivas. En Europa Occidental, es de ochenta y cinco mil euros / cuarenta y dos mil euros, mientras que en Europa del Este se reduce a treinta y ocho mil euros en cuanto a la satisfacción con la vida y veintinueve mil euros en cuanto a las emociones positivas. Además, aunque muchas naciones industrializadas han logrado importantes ganancias económicas, esto no se ha traducido en más felicidad. El psicólogo social estadounidense Jonathan Haidt resume los resultados: «Mientras que el nivel de riqueza se ha duplicado o triplicado en los últimos cincuenta años en muchas naciones industrializadas, los niveles de felicidad y satisfacción con la vida que declaran las personas no han cambiado, y la depresión se ha vuelto más común».[48] Una vez que las personas se adaptan a un nuevo referente de riqueza, su felicidad inicial se disipa; las nuevas comodidades se convierten en la norma y, con el tiempo, se dan por sentadas al menos hasta que sale al mercado un dispositivo tecnológico más grande o un nuevo artículo de lujo, y todos centran su atención en conseguirlo.

A nivel superficial, la mayoría de nosotros probablemente podamos rechazar el consumismo y el materialismo como un objetivo de vida. Cuando se nos pregunta, generalmente declaramos algo más grandioso como fuente de motivación. Pero debajo de la superficie, a menudo es otra historia. Aunque nos mostremos reacios a admitirlo, muchos de nosotros somos adictos a la cinta de correr hedónica, donde la promesa de felicidad siempre queda un poco fuera de nuestro alcance. Como escribe Chuck Palahniuk en *El club de la lucha*: «Hay una clase de hombres y mujeres jóvenes y fuertes, y quieren dar sus vidas por algo. La publicidad hace que esas personas deseen coches y ropa que no necesitan. Generacio-

47. Andrew T. Jebb, Louise Tay, Ed Diener y Shigehiro Oishi: «Happiness, Income Satiation and Turning Points Around the World», *Nature Human Behaviour* 2, n.º 1, 2018, 33-38.

48. Jonathan Haidt: *Happiness Hypothesis: Finding Modern Truth in Ancient Wisdom,* Basic Books, Nueva York, 2006, 89.

nes enteras desempeñan trabajos que odian para poder comprar cosas que en realidad no necesitan».[49]

La industria de la publicidad es una máquina de propaganda de dos mil millones de dólares[50] que tiene un solo objetivo: hacer que tu vida actual te parezca inadecuada, hacerte sentir que lo que tienes ahora no es suficiente.

El consumismo se detiene en el momento en que estás satisfecho con tu vida, cuando eres capaz de decir: «No necesito nada. Ya tengo todo lo que quiero». Este es el tipo de estado hacia el que muchas doctrinas religiosas, desde el cristianismo hasta el budismo, intentan guiarnos.

Pero en esta era secular, la creencia es que es mejor gastar miles de millones de dólares en mensajes que impiden que alguien llegue a ese estado.

Hoy más que nunca, se nos presentan tantas opciones diferentes de productos competitivos que es tentador quedar atrapado en la trampa de la felicidad. Valoramos las ideas de libertad y elección incluso cuando sabemos que el exceso de algo bueno puede provocar daños o conductas adictivas. Es una ironía de la vida moderna que cuantas más opciones hay, menos probable es que confiemos en nuestra elección. Si puedes evitar tomar una decisión, lo más probable es que lo hagas. El psicólogo Barry Schwartz se refiere a esta idiosincrasia como la «paradoja de la elección»: valoramos la elección y la anhelamos a pesar del hecho de que demasiadas opciones y elecciones pueden socavar nuestro sentido de la felicidad.[51] Nuestros antepasados no se enfrentaron a este dilema en la medida en que lo hacemos ahora. Pasar hambre era mucho más común que tener demasiadas opciones tentadoras de comida para elegir. La mejor manera de manejar el bombardeo de elecciones diarias es convertirse en lo que Schwartz, siguiendo al economista ganador del Premio Nobel Herbert

---

49. Chuck Palahniuk: *Fight Club*, Vintage Books, Londres, 2010, 149.

50. Statista: «Media Advertising Spending in the United States from 2015 to 2022 (in billion U.S. dollars)», 28 de marzo, 2019, https://www.statista.com/statistics/272314/advertising-spending-in-the-us/.

51. Barry Schwartz: *Por qué más es menos. La tiranía de la abundancia,* Taurus, Madrid, 2005.

Simon, llama «satisfacedor», es decir, alguien que evalúa las opciones, elige una que sea satisfactoria o «suficientemente buena» y sigue adelante con su vida.[52] Dejar de intentar aprovechar al máximo cada detalle de cada compra o decisión solo conduce a más estrés, arrepentimiento e insatisfacción.[53] Tienes mejores cosas que hacer con tu tiempo, energía y recursos. Pero para luchar contra la poderosa influencia del bombardeo constante de la publicidad en tus ideales de vida, necesitas una brújula interior aún más poderosa.

Necesitas elegir algunos valores y metas de vida tan fuertes y destacados que te permitan mantener la integridad incluso en una sociedad llena de publicidad. Para eso, puede ser de gran ayuda una buena comprensión de lo que hace que tu vida sea significativa. Detrás de todo el brillo de la superficie y la presencia o ausencia de los últimos artilugios costosos, es probable que tu vida ya contenga muchas de las cosas que pueden hacerla significativa.

---

52. Herbert A. Simon: «Rational Choice and the Structure of the Environment», *Psychological Review* 63, n.º 2, 1956, 129-138. Simon contrasta las estrategias de «satisfacer» y «optimizar».

53. Véase Nathan N. Cheek y Barry Schwartz: «On the Meaning and Measurement of Maximization», *Judgment and Decision Making* 11, n.º 2, 2016, 126-146.

4

Tu vida ya tiene sentido

«No temas a la vida. Cree que vale la pena vivir la vida, y tu fe ayudará a crear el hecho».

William James, *Is Life Worth Living?*

La mayoría de las personas experimentan en la mayoría de las circunstancias que sus vidas son bastante significativas, sin importar las persistentes dudas existenciales. Cuando le dije a la profesora Laura King, una de las principales expertas en investigación psicológica sobre el significado de la vida, que estaba en el proceso de escribir un libro sobre el tema, ella gentilmente me llevó a un lado en el pasillo del Centro de Convenciones de Portland y emitió una sabia advertencia: no le digas a la gente que su vida no tiene sentido; eso sería irresponsable, porque existen décadas de investigación que demuestran lo contrario. En un influyente artículo de 2014 publicado en *American Psychologist*, Laura King y la profesora de Rutgers Samantha Heintzelman revisaron varias encuestas representativas a nivel nacional y otras pruebas para ver cuánto significado experimentan de promedio las personas.[54] Resulta que es mucho. Cuando durante una amplia encuesta enfocada a estadounidenses mayores de cincuenta años se les preguntó si sentían

54. Samantha J. Heintzelman y Laura A. King: «Life Is Pretty Meaningful», *American Psychologist* 69, n.º 6, 2014, 561-574.

que su vida tenía sentido, el 95 % dijo que sí.[55] En otra encuesta, se pidió a una gran muestra nacional de personas que puntuaran su acuerdo con afirmaciones específicas como «Mi vida tiene un claro sentido de propósito» en una escala de 1 (nada cierto) a 5 (completamente cierto). El promedio fue bastante alto, 3,8.[56] Y esta tendencia se extiende también fuera de Estados Unidos. Como se señaló anteriormente, de las 140 000 personas de 132 naciones encuestadas por la Gallup World Poll sobre si su «vida tiene un propósito o significado importante», el 91 % respondió que sí, con un porcentaje aún mayor en algunos de los países más pobres del mundo.[57] Según otros estudios, las personas que se enfrentan a diversos problemas de salud, como la lucha contra el cáncer, por lo general todavía encuentran su vida significativa.[58] King y Heintzelman escriben: «La evidencia de grandes muestras representativas y el cuerpo de investigación que utiliza una medida más antigua y una medida más nueva del significado de la vida apuntan firmemente a la misma conclusión: la vida es bastante significativa».[59]

A pesar de lo absurdo de la existencia y del hecho de que la vida es, en general, cósmicamente insignificante, impermanente y arbitraria, la mayoría de las personas parecen experimentar sus vidas como significativas durante la mayor parte del tiempo. ¿Deberíamos decir que la mayoría de las personas se equivocan la mayor parte del tiempo? ¿Quizá es nuestro deber revelarles los sombríos hechos existenciales? Esta paradoja inheren-

---

55. «The Health and Retirement Study», un estudio longitudinal en curso sobre estadounidenses mayores de 50 años patrocinado por el Instituto Nacional sobre el Envejecimiento de la Universidad de Michigan, http://hrsonline.isr.umich.edu/. Estos resultados se publican en Heintzelman y King, «Life Is Pretty Meaningful».

56. Rosemarie Kobau, Joseph Sniezek, Matthew M. Zack, Richard E. Lucas y Adam Burns, «Well-Being Assessment: An Evaluation of Well-Being Scales for Public Health and Population Estimates of Well-Being Among US Adults», *Applied Psychology: Health and Well-Being* 2, 2010, 272–297.

57. Oishi & Diener: «Residents of Poor Nations».

58. Fei-Hsiu Hsiao, Guey-Mei Jow, Wen-Hung Kuo, King-Jen Chang, Yu-Fen Liu, Rainbow T. Ho, *et al.*: «The Effects of Psychotherapy on Psychological Well-Being and Diurnal Cortisol Patterns in Breast Cancer Survivors», *Psychotherapy and Psychosomatics* 81, 2012, 173-182.

59. Heintzelman y King: «Life Is Pretty Meaningful», 567.

te es a menudo una encrucijada para filósofos y psicólogos. Ciertos filósofos quieren argumentar que las personas se equivocan al tener en tan alta estima sus vidas y que se les debería restregar en la cara lo absurdo de la existencia. Los psicólogos, en cambio, tienden a tomar las evaluaciones de las personas al pie de la letra: si una persona siente que su vida es significativa, entonces esa vida es realmente significativa. Si bien estoy del lado de la profesora Laura King y de los psicólogos, y creo que, en su mayor parte, debemos creer a las personas que dicen que sus vidas son significativas, también es importante llegar a la raíz de esta paradoja tan humana.[60]

La paradoja entre la vida absurda y el hecho de que las personas todavía experimentan altos niveles de significado en sus vidas es, en un grado significativo, el resultado de que no entendemos realmente la cuestión del significado de manera correcta. Para ser más exactos, confundimos dos preguntas distintas. Parece que ya no encontramos respuesta a una de ellas, por lo que la confrontación con esa pregunta suele conducir a una crisis existencial. La otra pregunta, sin embargo, todavía tiene una respuesta sólida y positiva a través de la cual experimentar el significado de la vida. Lo que debemos comprender, sin embargo, es que la primera pregunta —«¿Cuál es el significado de la vida?»— es, de hecho, un subproducto histórico del pensamiento occidental que surgió solo en los últimos dos siglos. Los tiempos han cambiado, pero todavía buscamos un tipo de significado que solo tiene sentido en la vieja y abandonada cosmovisión. Nuestra actual crisis de significado es, por tanto, un error comprensible dada la historia intelectual de la sociedad occidental. Pero sigue siendo un error que conviene corregir.

---

60. A veces, las personas pueden sentirse desilusionadas y convertirse en informadores poco fiables de sus propios estados emocionales, por lo que debemos tomarnos sus informes con ciertas reservas. Pero no hay evidencia de un sesgo tan sistemático que haga que los informes subjetivos sean totalmente inútiles; lo más probable es que la mayoría de las veces sean relativamente precisos. Véase, por ejemplo, «OCDE, Directrices de la OCDE sobre la medición del bienestar subjetivo», Publicaciones de la OCDE, París, 2013. Sea como fuere, me pongo del lado de los psicólogos al centrarme en el significado que experimentan las personas en lugar de creer que hay algún estándar externo que pueda utilizarse para juzgar el significado de la existencia de las personas sin importar su propia experiencia.

Comenzaremos a hacer esa corrección en el próximo capítulo. Sin embargo, para hacerla, primero debemos comprender por qué los humanos buscan un significado.

LA REFLECTIVIDAD MALDIJO A LOS HUMANOS CON LA NECESIDAD DE SIGNIFICADO

«Los humanos pueden parecerse a muchas otras criaturas en su lucha por la felicidad, pero la búsqueda de significado es una parte clave de lo que nos hace humanos y, en ese sentido, únicos»

Roy Baumeister, «Some Key Differences Between a Happy Life and a Meaningful Life»

Entre las peculiaridades físicas clave que hacen que los humanos destaquemos incluso entre nuestros primos primates más cercanos está el tamaño de nuestro cerebro comparado con el de nuestro cuerpo. Hace unos dos millones de años, nuestros antepasados tenían un cerebro de entre 393 y 606 centímetros cúbicos. Los humanos modernos tienen un tamaño cerebral de aproximadamente 1262 a 1300 centímetros cúbicos.[61] Este intenso crecimiento acelerado, llamado la «revolución cognitiva» por los científicos o la «mutación del árbol del conocimiento» por el autor Yuval Noah Harari,[62] finalmente separó al mono desnudo que caminaba erguido de sus primos animales. Existen muchas teorías sobre qué llevó a esta rápida carrera en el tamaño del cerebro de la especie humana y qué habilidades únicas permitió este nuevo poder

61. Jon H. Kaas: «The Evolution of Brains from Early Mammals to Humans», *Wiley Interdisciplinary Reviews: Cognitive Science* 4, n.º 1, 2013, 33-45. Véase también Joseph R. Burger, Menshian A. George, Claire Leadbetter y Farhin Shaikh: «The Allometry of Brain Size in Mammals», *Journal of Mammalogy* 100, n.º 2, 2019, 276-283.

62. Yuval Harari: *Sapiens. De animales a dioses: Una breve historia de la humanidad*, Debate, Barcelona, 2014.

de procesamiento (lenguaje, cooperación, cultura, religión, etc.), pero concentrémonos en esta característica clave: los humanos se volvieron reflexivos.

La reflexión es la capacidad de mirar en tercera persona la propia vida. En lugar de responder o reaccionar inmediatamente a lo que sea que suceda en el momento presente, podemos salir de la situación para detenernos y pensar. Podemos contemplar nuestras acciones pasadas y hacer predicciones sobre el futuro al mismo tiempo que consolidamos ambos conjuntos de información para tomar decisiones conscientes sobre cómo comportarnos en el presente.

Nuestra capacidad de reflexión es una herramienta exclusivamente humana y nos distingue de otros animales atrapados en el momento presente, incapaces de planificar el próximo mes y mucho menos la próxima década de sus vidas.[63] Los seres humanos tenemos instintos animales básicos, pero también poseemos la capacidad cerebral para anular esos impulsos y centrarnos, por ejemplo, en objetivos a largo plazo, cuyas recompensas solo obtendremos dentro de días, meses o años a partir del momento presente. La reflexión permite la planificación, la acción colectiva y el establecimiento de objetivos a largo plazo, lo que a su vez nos ha permitido crear obras de arte, arquitectura y herramientas, por nombrar solo algunas cosas inimaginables para cualquier otro animal. Se necesitaron aproximadamente doscientos años para construir Notre-Dame en París. Tal monumento es testimonio del potencial creativo totalmente invisible en este planeta antes de la existencia humana. Sin embargo, la reflexión no consiste solo en planificar el futuro y llevar a cabo proyectos de tamaño épico. La reflexión también nos permite conectarnos con el pasado, lo que puede mejorar aún más el significado de nuestras vidas. El filósofo Antti Kauppinen ha argumentado que «construir sobre el pasado

---

63. Véase William A. Roberts: «Are Animals Stuck in Time?», *Psychological Bulletin* 128, n.º 3, 2002, 473-489. Véase también William A. Roberts: «Mental Time Travel: Animals Anticipate the Future», *Current Biology* 17, n.º 11, 2007, R418-R420, donde se revisa la evidencia de la capacidad de algunos animales para anticipar el futuro y tener recuerdos episódicos. Como ocurre con la mayoría de las cosas que separan a los humanos de los animales, en lugar de una dicotomía clara, los humanos simplemente tienen en abundancia lo que en algunos animales escasea.

le da a la vida una especie de forma narrativa progresiva»,[64] que parece más significativa que una vida compuesta de episodios aislados. La neuropsicología está de acuerdo.

Un estudio de neuroimagen llevado a cabo en la Universidad Northwestern con ochenta y cuatro participantes demostró que el aumento de la conectividad en la red del lóbulo temporal medial, que como sabemos está implicada en el viaje en el tiempo mental para experimentar el pasado o el futuro, tiene relación con el nivel de significado que las personas declaran experimentar en su vida.[65] Un viaje por el camino de la memoria puede, por lo tanto, proporcionar una sensación nostálgica de significado. Como seres humanos, también estamos especialmente preparados para poder encontrar un significado en el futuro.

La reflexión hace posible la esperanza: podemos imaginar un mundo mejor y hacer planes para actualizarlo. Las metas valiosas en el futuro son a menudo las que hacen que los esfuerzos actuales, e incluso los verdaderos aprietos, sean significativos. Podemos soportar mucho mejor el sufrimiento y el dolor del presente si somos capaces de conservar la esperanza y la creencia de que algo valioso nos aguarda en el futuro. Pero debemos pagar un precio por toda esa capacidad de reflexión. Por eso, no nos conformamos con los objetivos instintivos que impulsan a la mayoría de los demás animales. Que estemos ineludiblemente atrapados en un mundo que se extiende tanto hacia el pasado como hacia el futuro es, al mismo tiempo, una bendición y una maldición. Planeamos y nos preocupamos por las cosas que pueden suceder o no en un futuro lejano. Reflexionamos sobre cosas de nuestro pasado, repasando viejas heridas o atesorando recuerdos. Nuestro problema, en comparación con la mayoría de los animales, es que podemos detenernos en medio de una actividad y, con una especie de autorreflexión, preguntarnos: ¿Cuál es el sentido? ¿Por qué estoy haciendo esto?

---

64. Antti Kauppinen: «Meaningfulness and Time», *Philosophy and Phenomenological Research* 84, n.º 2, 2012, 345-377, 368.

65. Adam Waytz, Hal E. Hershfield y Diana I. Tamir: «Mental Simulation and Meaning in Life», *Journal of Personality and Social Psychology* 108, n.º 2, 2015, 336-355, estudio 1.

La reflexión, por lo tanto, crea la necesidad de justificación.[66] Cuando surge la pregunta de por qué, necesitamos una respuesta satisfactoria. Necesitamos poder respaldar nuestras acciones incluso después de haber reflexionado sobre ellas. Aquí radica el origen de nuestra necesidad de sentido. Como animales reflexivos, necesitamos sentir que nuestras actividades tienen un motivo, una razón o un propósito detrás, que de alguna manera importan y que contribuyen a algo digno de contribuir.[67] Con el fin de respondernos a nosotros mismos, necesitamos un marco, algún tipo de cosmovisión, que nos diga específicamente qué actividades y metas vale la pena perseguir y cuáles son inútiles. En resumen, cuando llegamos a esa inevitable encrucijada, queremos una cosmovisión significativa que nos guíe hacia el camino que vale la pena tomar. La falta de ese marco de significado puede tener graves consecuencias.

Ya durante la Segunda Guerra Mundial, Erich Fromm, psicólogo social y psicoanalista, observó que el hombre moderno está «liberado de los lazos de la sociedad preindividualista» que lo habían limitado anteriormente.[68] Mientras que muchos celebraron esta liberación como el paso final hacia la evolución del hombre como un individuo autónomo capaz de realizarse, las cosas no salieron según lo planeado. A pesar de ser restrictivo en ocasiones, el marco cultural tradicional daba a los humanos una sensación de seguridad, comprensibilidad, dirección y sig-

---

66. La sociabilidad humana y la vida en grandes tribus probablemente tuvieron mucho que ver con la razón por la que desarrollamos la capacidad única de reflexión, como, ha argumentado, por ejemplo, Dunbar. Además, es probable que la necesidad de justificación tuviera mucho que ver con la necesidad de justificar nuestras acciones ante otros, como ha argumentado, por ejemplo, Haidt. Véase Robin I. M. Dunbar: «The Social Brain Hypothesis», *Evolutionary Anthropology: Issues, News, and Reviews* 6, n.º 5, 1998, 178-190. Y Jonathan Haidt: «The Emotional Dog and Its Rational Tail: A Social Intuitionist Approach to Moral Judgment», *Psychological Review* 108, 2001, 814-834.

67. Véase Frank Martela y Michael F. Steger: «The Meaning of Meaning in Life: Coherence, Purpose, and Significance as the Three Facets of Meaning», *Journal of Positive Psychology*, 11, n.º 5, 2016, 531-545.

68. Erich Fromm: *Escape from Freedom*, Avon Books, Nueva York, 1965, p. viii. La primera edición del libro se publicó en 1941.

nificado. En otras palabras, había proporcionado a los humanos un sólido sentido del significado de la vida. Sin ese marco, sin embargo, las personas aún necesitaban saber qué hacer con sus vidas y cómo hacer que valiera la pena vivirlas. Por desgracia, la cultura recién liberada no tenía respuestas adecuadas o reconfortantes, lo que inquietó a muchas personas e hizo que se sintieran aisladas, ansiosas y perdidas. La liberación que supuestamente debía producirse se transformó, en cambio, en una huida de la libertad: las personas quedaron sometidas a cualquier autoridad que estuviera dispuesta a darles respuestas firmes a las grandes preguntas de la vida y, por lo tanto, la estabilidad que tanto necesitaban.

Según el análisis de Fromm, el hombre moderno está «ansioso y tentado de entregar su libertad a dictadores de todo tipo o de perderla transformándose en un pequeño engranaje de la máquina, bien alimentado y bien vestido, pero no un hombre libre sino un autómata».[69] Para Fromm, esta fue una de las causas fundamentales del ascenso del fascismo en Europa en la década de 1930, cuyas atrocidades son de sobra conocidas. Existen similitudes alarmantes en el panorama político del mundo occidental de hoy en día, lo que hace imperativo que creemos un marco reflexivo y un sistema de valores que no solo se sienta universalmente justificado, sino que también sea capaz de resistir el cinismo y la división de nuestros tiempos modernos. La otra opción es la incertidumbre y los marcos de valores autoritarios regresivos, que socavan los principios de cuidado, igualdad y libertad en el corazón del estilo de vida que hemos construido desde los albores de las primeras democracias verdaderas, en el siglo XVIII.

Si no somos capaces de conseguirlo, habremos desperdiciado una revolución cognitiva perfectamente válida.

69. Fromm: *Escape from Freedom*, XII.

El arte de buscar y tener sentido en la vida al mismo tiempo

¿Por qué buscar sentido si nuestras vidas ya tienen sentido? Esta sencilla pregunta revela el sesgo occidental en nuestro pensamiento sobre la significación. El profesor Michael Steger, otro experto clave en la psicología del sentido de la vida, examinó la búsqueda de sentido de la vida por parte de las personas y la presencia de sentido en la vida y descubrió que los resultados eran opuestos en Estados Unidos: cuanta más presencia de sentido había en la vida de una persona, menos propensa era esa persona a perseguir más.[70] En lo que respecta al sentido de la vida, actuamos según un modo deficitario: nos interesamos por el tema principalmente cuando nos falta.

Sin embargo, cuando Steger investigó el mismo asunto en Japón, descubrió que allí la relación entre ambas cuestiones no era contradictoria sino armoniosa: las personas que ya vivían una vida significativa eran más propensas a reflexionar sobre cómo vivir de manera aún más significativa. Puede que esta amplitud de miras a la hora de reflexionar sobre el significado de la vida de uno sea lo que llevó a las personas a tomar decisiones de vida que, en primer lugar, aumentaron su sentido de significación.

Es posible que, en esa cuestión, las culturas orientales sean más sabias que las occidentales. Aunque tal vez ya tengas algo de presencia de significado en tu vida, es factible y a menudo enriquecedor buscar fuentes aún mejores de significado. Este no es un intento desesperado por llenar un vacío, sino una invitación a reflexionar sobre tu vida para encontrar más formas de vivir que funcionen en

70. Michael F. Steger, Yoshito Kawabata, Satoshi Shimai y Keiko Otake: «The Meaningful Life in Japan and the United States: Levels and Correlates of Meaning in Life», *Journal of Research in Personality* 42, n.º 3, 2008, 660-678.

armonía con las actividades, elecciones y relaciones que podrían hacer tus días más significativos. Somos obras en progreso y la alegría de ser humanos es que sabemos esto: sabemos, en esencia, que hay espacio en cada uno de nosotros para una mayor comprensión, mejora y realización personal. En lugar de lamentar lo que te puede faltar, evalúa lo que ya tienes y busca formas de aprovecharlo. Libérate para comprender reflexivamente lo que ya puedes captar de forma intuitiva: que tu vida ya tiene sentido.

Segunda parte:
La cuestión del significado: una nueva perspectiva

5

Tu crisis existencial te hace moderno

«Lo que entendemos como "ateísmo" habría sido ininteligible para la mente clásica. Ciertamente, había desacuerdos sobre la naturaleza de los dioses o de sus actividades y, a veces, incluso se negaba la existencia de ciertos dioses. Pero la noción, intrínseca a la comprensión moderna del ateísmo, de la inmanencia, del mundo que existe bastante libre de cualquier tipo de reino trascendente, les habría resultado casi ininteligible».

GAVIN HYMAN, *A Short History of Atheism*

Imagina lo siguiente: estás cargando tu iPhone en el aeropuerto y un hombre se te acerca y te pregunta: «¿Crees en la electricidad?». Tú, yo y apostaría a que cualquier otra persona en el aeropuerto sabemos que el estilo de vida de hoy gira en torno a la electricidad y, como tal, no hay razón para debatir la creencia. La pregunta en sí es absurda. El hombre continúa y te pregunta: «¿Crees en Dios?». Esta pregunta tiene un poco más de peso y, independientemente de tu respuesta, es probable que sea algo que hayas contemplado o incluso debatido antes en tu vida.

A diferencia de la pregunta sin sentido sobre la electricidad, consideras que la pregunta sobre tu fe en Dios es una pregunta genuina. Tu comprensión de este cuestionamiento religioso te hace moderno.

Para los europeos que vivieron hace quinientos años, la pregunta acerca de Dios habría sido tan peculiar como lo es para nosotros hoy la pregunta acerca de la electricidad. La presencia de Dios, no de la electricidad, estaba en todas partes. El suyo era un mundo dominado por lo sobrenatural: espíritus, demonios y magia. Era común creer que una persona con mala salud estaba poseída por demonios que podrían conducirla a cometer actos malvados.[71] Las reliquias de los santos poseían poderes curativos. Las tormentas, las sequías, las plagas y los períodos de fertilidad se consideraban actos de Dios. La gente participaba en rituales colectivos regulares, como leer los Evangelios en los campos de maíz para ahuyentar a los espíritus malignos que podían dañar la cosecha.[72] En palabras del sociólogo alemán Max Weber, el mundo de la gente premoderna estaba encantado.[73] La existencia de Dios y de los espíritus no era una cuestión de fe, sino una certeza inmediata. El cosmos era una entidad significativa en la que todas las partes estaban juntas en un plan con un propósito. Esto era cierto no solo en la Europa medieval, sino también en todo el mundo. Por supuesto, los nombres y las funciones de los diversos espíritus variaban de una cultura a otra. Algunas culturas creían en un Dios creador omnipotente, otras en una miríada de espíritus locales.[74] Sin embargo, y dejando a un lado las particularidades de las creencias de uno, en el mundo encantado varios espíritus, demonios, dioses y fuerzas cósmicas influían constantemente en los sucesos cotidianos grandes y pequeños.

En este mundo de encantamiento, no había una distinción clara entre las explicaciones naturales y las sobrenaturales; aún no se había descubierto ni desarrollado ninguna cosmovisión científica para fundamentar las primeras. En teoría, uno podía negar o debatir la existencia de seres espirituales individuales, ya fuera un espíritu o la naturaleza y los poderes exactos de Dios, pero si uno quería dejar de creer en toda la cosmovisión

---

71. Charles Taylor: *A Secular Age*, The Belknap Press of Harvard University Press, Cambridge, MA, 2007. La descripción de la cosmovisión de las personas que vivían en el siglo XVI está basada principalmente en el capítulo 1 del libro de Taylor.

72. Charles Taylor: *A Secular Age*, 42, basado en Stephen Wilson: *The Magical Universe*, Hambledon & London, Londres, 2004).

73. Max Weber: *Sociología de la religión*, Akal, Madrid, 2012.

74. En las visiones del mundo existe, por supuesto, un gran abismo entre la creencia en los espíritus locales y un Dios creador omnipotente, pero no tenemos espacio para pasar por la llamada revolución axial y cómo eso transformó nuestras visiones del mundo.

encantada, simplemente no había un plan B. No existía una cosmovisión alternativa. El desencanto —como posible cosmovisión— aún no se había inventado. Las herramientas e ideas conceptuales sobre las que basar la no creencia simplemente no existían. En lugar de eso, el encantamiento formaba la totalidad de la propia visión del mundo y, como tal, era imposible abandonar los rituales colectivos integrados en la vida cotidiana que apoyaban y reforzaban dicha ideología.

Debido a nuestra diferencia fundamental en las visiones del mundo, la manera en que la población moderna habla sobre el significado de la vida no habría tenido sentido para los campesinos medievales ni tampoco para los grandes pensadores antiguos como Aristóteles o Epicteto. Durante la mayor parte de la historia de la humanidad, la gente no cuestionaba el significado de la vida porque no había necesidad de pensar en ello. En un cosmos encantado, era obvio que la vida existía para cumplir algún propósito mayor, impulsado cósmicamente o dado divinamente. Antes de la modernidad, la visión de nuestros antepasados sobre el cosmos y el lugar del hombre en él era de lo más pintoresca. Su mundo, al menos en términos cósmicos, estaba ordenado de una forma en que el nuestro, desde luego, no lo está. Los antiguos griegos no sabían nada sobre la vida secreta de los agujeros negros, por no hablar del arte posmoderno o de los escáneres cerebrales. Incluso los pensamientos más atrevidos de Aristóteles, el famoso filósofo griego que vivió en el siglo IV a. C., estaban teñidos por la cosmovisión encantada en la que vivían él y sus contemporáneos.

Si hubiera una competición para decidir qué individuo ha influido más en el pensamiento occidental, Aristóteles llegaría a las semifinales, enfrentándose a pesos pesados como Jesús y sir Isaac Newton. En uno de los libros de ética más famosos y estudiados que se han escrito jamás, *Ética a Nicómaco*, Aristóteles reflexionó sobre la idea del mayor bien humano. Más específicamente, estaba buscando «algún fin de nuestras acciones que deseamos por sí mismo».[75] Su objetivo era desentrañar lo que

75. Aristóteles: *Nicomachean Ethics*, trad. Robert C. Bartlett y Susan D. Collins, University of Chicago Press, Chicago, 2012, 1094a, 18-20 (*Ética a Nicómaco*).

nos hace especiales en comparación con los animales y creía que nuestra naturaleza humana en sí misma contiene las pistas de lo que determina el mayor bien humano. Es tentador combinar esta idea del mayor bien humano con la del significado. Sin embargo, diría que Aristóteles no pensaba en el significado de la vida cuando investigó el concepto del bien humano. Seguramente valoró la idea del propósito humano, pero no de la manera correcta. O, mejor dicho, su investigación estaba limitada por la época en la que vivía y carecía de la conciencia de un elemento central: el absurdo.

De la misma manera en que damos por sentada la electricidad, Aristóteles no dudó de la existencia de un orden cósmico; tanto que, de hecho, nunca se le ocurrió que tal orden no existiera. El mundo encantado era un todo significativo y, como cualquier otra criatura, los seres humanos tenían algún propósito o virtud inherente, cuyo cumplimiento definía el bien humano: la virtud de un caballo es correr y llevar al jinete; la virtud del ojo es concedernos la vista; y así, para Aristóteles, debe existir «la virtud del ser humano», alguna forma de excelencia única del ser humano.[76] Tras observar que nuestra capacidad de pensamiento racional nos distingue de otros animales, concluyó que el bien humano se centra en vivir de acuerdo con esta alma racional, que requiere ciertas virtudes. Para él, nunca fue una cuestión de si existe o no un propósito para la existencia humana. En el cosmos encantado en el que vivía Aristóteles, era evidente que los humanos tenían un propósito, ya que todo tenía algún propósito inherente: era solo cuestión de descubrirlo.

La gran pregunta sobre la vida para Aristóteles y para los próximos milenios del pensamiento occidental fue sobre el fin del hombre. Esta pregunta, llamada *telos* por los antiguos griegos y *summum bonum* por los pensadores cristianos medievales, fue el centro de atención de los pensadores occidentales hasta la modernidad, y buscó abordar el fin último de la humanidad, el porqué esencial de nuestra existencia. Se trataba de una pregunta sobre para qué sirven los seres humanos, y en el mismo sentido

---

76. Aristóteles: *Nicomachean Ethics*, 1106a, 17-24 (*Ética a Nicómaco*).

podríamos preguntarnos para qué sirven las bicicletas o los cuchillos: montar y cortar, respectivamente. Lo que unió a los pensadores griegos y cristianos, desde Aristóteles hasta Tomás de Aquino, fue el hecho de que nunca cuestionaron la posibilidad de que la humanidad tuviera un fin. La suya era una cosmovisión donde el cosmos era inteligible y los seres humanos habían sido creados con un propósito. De modo que la tarea del pensador era solo desvelar y descubrir el bien humano o el fin humano ya presente. Como sostiene el profesor Joshua Hochschild, el fin del hombre fue «la pregunta sobre la vida humana que se planteó durante la mayor parte de la historia occidental».[77]

Sin embargo, a partir del siglo XVII, una cosmovisión más científicamente impulsada empezó a destacar en las sociedades occidentales. Esta nueva cosmovisión primero esculpió una separación entre lo natural y lo sobrenatural y luego comenzó a empujar a esta última hacia los márgenes. En el lapso de unos pocos siglos, la ciencia acabó con el encantamiento del universo. También hubo otros culpables: el surgimiento del humanismo y el individualismo, la urbanización, el aumento de la movilidad, la industrialización, la democracia y los gobiernos más burocráticos, pero la cosmovisión científica fue la más influyente para convertir el cosmos encantado de los tiempos premodernos en un Universo Mecánico, aparentemente desencantado y sin sentido. En el Cosmos Encantado, la pregunta sobre el fin del hombre tenía sentido, pero no encajaba en el Universo Mecánico, donde la humanidad ya no tenía un lugar evidente en el gran orden de las cosas. Esto llevó a la necesidad de formular un nuevo tipo de gran pregunta sobre la vida. En 1834, un hombre llamado Thomas Carlyle insinuó una pregunta aparentemente simple: «¿Cuál es el significado de la vida?», y nosotros, como sociedad, hemos estado lidiando con las consecuencias existenciales desde entonces.

---

77. Nótese que Hochschild sostiene que esta pregunta se planteó hasta el siglo XX, mientras que aquí estoy argumentando que el significado de la vida comenzó a reemplazarla en el siglo XIX. Joshua P. Hochschild: «What "the Meaning of Life" Reemplaced», https://thevirtueblog.com/2017/12/18/what-the-meaning-of-life-replaced/.

UNA INVENCIÓN SIGNIFICATIVA: LA GRAN PREGUNTA DE CARLYLE

«Visto correctamente, ni el objeto más mezquino es insignificante; todos los objetos son como ventanas, a través de las cuales el ojo filosófico mira al infinito mismo».

THOMAS CARLYLE, *Sartor Resartus*

Si bien no se puede decir que Thomas Carlyle —ensayista, satírico e historiador escocés de la era victoriana— fue el único hombre que reflexionó sobre el significado de la vida, sí puede afirmarse, en cambio, que fue el primero en escribir sobre ello en el mundo de habla inglesa. Publicado entre 1833 y 1834, el libro de Carlyle, *Sartor Resartus*, destacó por varias razones: Ralph Waldo Emerson escribió su prefacio, Herman Melville y Walt Whitman lo citaron como una influencia clave en *Moby Dick* y *Canto a mí mismo*, respectivamente, y hoy se cita a menudo como el libro que marcó la transición en la literatura de habla inglesa desde el período romántico al victoriano. [78] También contiene la escritura más antigua conocida en el idioma inglés de la frase «significado de la vida». [79]

Sartor Resartus fue escrito en un momento particularmente tumultuoso de la historia mundial, cuando casi todos los aspectos de la vida diaria se veían afectados por cualquiera de las revoluciones que habían ocurrido

78. Véase la introducción de Kerry McSweeney y Peter Sabor en Carlyle: *Sartor Resartus*.

79. El filósofo Wendell O'Brien sostiene que el libro de Carlyle es la obra literaria más antigua conocida en la que aparece la frase «sentido de la vida». En ese mismo sentido, el *Oxford English Dictionary* señala el libro de Carlyle como el primer ejemplo de la frase. Mis propias búsquedas y consultas con algunos especialistas no han podido encontrar ninguna ocasión previa en la que alguien hubiera utilizado la frase «sentido de la vida». Me encantaría que me demostraran que estoy equivocado, pero al respecto propongo que la frase probablemente fue acuñada en inglés por Thomas Carlyle en 1833-1834, inspirada en los románticos alemanes que utilizaban la frase «der Sinn des Lebens» unas décadas antes. Véase Wendell O'Brien, «The Meaning of Life: Early Continental and Analytic Perspectives», en *Internet Encyclopedia of Philosophy*, 2014. Obtenido de http://www.iep.utm.edu/mean-ear/.

en todo el mundo: la Revolución francesa alteró el mundo político y sus secuelas todavía eran evidentes en toda Europa; la revolución romántica fomentaba las emociones, la autoinspección y la introspección; la Revolución Industrial transformó casi todos los aspectos de la vida diaria; y la revolución científica amenazaba la cosmovisión religiosa. El texto de Carlyle comienza con las siguientes líneas: «Considerando nuestro actual estado avanzado de cultura, y cómo la Antorcha de la Ciencia se ha blandido y llevado, con más o menos efecto, durante cinco mil años y más; cómo, especialmente en estos tiempos, no solo la Antorcha todavía arde, y tal vez más ferozmente que nunca, sino que innumerables linternas y fósforos de azufre, encendidos allí, también miran en todas direcciones, de modo que ni la más pequeña grieta o hendidura en la Naturaleza o en el Arte puede permanecer sin iluminación».[80]

La «antorcha de la ciencia» arde con tanta fuerza que ninguna «grieta o hendidura» puede permanecer sin iluminar; no se podría describir mejor el puro poder intelectual con el que el pensamiento científico se impuso en la vida de las personas y reformó sus queridas verdades y su cosmovisión. Lo que antes se consideraba evidente e incuestionable —que el mundo es un todo significativo y la humanidad tiene un papel especial que desempeñar en el desarrollo de ese mundo— perdió repentinamente su fundamento. Quizá, entonces, no fue ninguna sorpresa que los lectores encontraran al protagonista del libro, el profesor de mediana edad Teufelsdröckh de Weissnichtwo, abrumado por el sinsentido de su trivial vida. La suya es una depresión que a menudo acompaña a una transición importante en la vida, pero que se agudiza de forma especial por el desarraigo que muchas personas sentían en esa era de la marcha incesante del industrialismo y otras transformaciones. A diferencia de épocas anteriores, la religión y la tradición ya no parecían tener todas las respuestas.

En la novela, que también sirve como una alegoría de la propia búsqueda de significado de Carlyle, se nos muestra cómo la «Univer-

---

80. Thomas Carlyle: *Sartor Resartus*, Oxford University Press, Osford, 1987, 3.

sidad Racional», es decir, un mundo cada vez más secular que muestra «el grado más alto de hostilidad hacia el misticismo», infecta a Teufelsdröckh con la duda, lo que lo lleva a cuestionar su fe y la existencia misma de Dios.[81] La duda se oscurece en lo que él llama «la pesadilla, la incredulidad», y el profesor pronto se encuentra aparentemente solo en un mundo frío y silencioso, escribiendo: «Para mí, el Universo estaba desprovisto de Vida, de Propósito, de Transgresión, incluso de Hostilidad: era una enorme, muerta e inconmensurable Máquina de Vapor que avanzaba, con su muerta indiferencia, para molerme miembro a miembro». Desprovisto de fe y abandonado a sus propios recursos filosóficos, declara, utilizando la frase «el sentido de la vida» por primera vez: «Nuestra Vida está rodeada de Necesidad; sin embargo, el significado de la Vida misma no es otro que Libertad, Fuerza de Voluntad: así tenemos la guerra; al principio, sobre todo, una batalla reñida». La batalla humana esencial para él es, pues, entre la Necesidad y la Libertad: un hombre atado a los apetitos, deseos corporales y otros asuntos terrenales, o un hombre dedicado a trascender tales cosas para seguir un deber moral superior en su trabajo. Para Carlyle, este es el significado de la vida: al participar en un trabajo con propósito, podemos transformar nuestros ideales personales en realidad y lograr un verdadero sentido de realización. Carlyle escribe: «Trabaja mientras se llame "día", porque viene la noche en la que nadie puede trabajar».

Es reconfortante saber que el sentido de la vida, lejos de ser una cuestión candente que atormenta a los humanos desde los albores de los tiempos, fue una frase acuñada hace menos de doscientos años por un autor cuyo protagonista semiautobiográfico es autor de un libro titulado *La ropa: su origen e influencia*. Considerado un profesor de «cosas en general», Teufelsdröckh expone exactamente eso en su tomo inspirado en la vestimenta, incluida la importancia del «hombre que

---

81. Thomas Carlyle: *Sartor Resartus*. Las citas de este párrafo son de las páginas 87, 89, 127, 140, 149.

usa ropa», el Dandy, y la forma correcta de llevar el cuello en Alemania: bajo por detrás y ligeramente enrollado.[82] Si bien la ropa es aparentemente inofensiva, también es un veneno, un tipo de metaficción que le dio a Carlyle un amplio espacio para expresar preocupaciones filosóficas más importantes. Sin embargo, a pesar de dudar de la existencia de algún valor en el mundo moderno, es obvio que Carlyle no pensaba que todo fuera pesimismo y fatalidad, e impregnó el texto con palabras de esperanza y la convicción de que el hombre podía, de hecho, atravesar el desierto existencial y emerger triunfante al otro lado. Sin embargo, todo el libro era en cierto sentido un síntoma del hecho de que Carlyle había perdido el contacto con la severa fe religiosa calvinista de la que habían disfrutado sus padres. *Sartor Resartus* puede leerse como su lucha para lidiar con esa pérdida de fe mientras vive en lo que él llama «un siglo ateo»: es su intento de encontrar una manera de entender la vida que sea compatible con la pérdida de la fe en el cristianismo tradicional.

A menudo nombrado como uno de los intelectuales públicos más influyentes del siglo XIX, Carlyle inspiró a una gran cantidad de pensadores. Todo aquel que escribiera o pensara sobre el significado y la crisis existencial en el mundo de habla inglesa estaba, de una forma u otra, reaccionando a su trabajo. Al mismo tiempo, en la Europa continental, filósofos como Søren Kierkegaard y Arthur Schopenhauer retomaron el tema donde Carlyle lo había dejado. En *O lo uno o lo otro*, una obra temprana fundamental de 1843, Kierkegaard escribió: «¿Cuál es, si es que existe, el significado de esta vida?».[83] Una fiebre existencial pareció afianzarse en los círculos eruditos y barrió a todo el mundo, desde filósofos y novelistas como Ralph Waldo Emerson, Samuel Beckett, George Eliot y Leo Tolstói, hasta compositores como Richard Wagner y biólogos como Thomas Huxley (conocido por su apodo «el bulldog de

---

82. Thomas Carlyle, *Sartor Resartus*, 211.

83. Søren Kierkegaard: *Either / Or*, trad. Howard V. Hong y Edna H. Hong, Princeton University Press, Princeton, Nueva Jersey, 1987, 31.

Darwin»). Schopenhauer lideraba la lucha. En su ensayo *On Human Nature*, pregunta a bocajarro: «¿Cuál es el significado absoluto de la vida? ¿Con qué propósito se juega esta farsa en la que todo lo que es esencial está irrevocablemente fijado y determinado?».[84] *Anna Karenina* de Tolstói, publicada en 1878, popularizó la idea del malestar existencial entre el público en general, pues hasta entonces había sido principalmente el ámbito de un selecto círculo de intelectuales. Incluso antes de la publicación de su obra maestra, Tolstói había lidiado con un desencanto similar al de Carlyle: al igual que el filósofo escocés, Tolstói luchó por reconciliarse con la cosmovisión científica. No parece casualidad que unos meses antes de escribir en su diario que «la vida en la tierra no tiene nada que dar», hubiera estado leyendo sobre física y reflexionando sobre los conceptos de gravedad y calor, y sobre la forma en que una «columna de aire ejerce presiones».[85] Al aprender más sobre las leyes mecanicistas de la naturaleza, perdió su fe en lo trascendente y escribió: «Lejos de encontrar lo que quería, me convencí de que todos los que, como yo, habían buscado en el conocimiento el significado de la vida, no habían encontrado nada».[86]

Tolstói, junto con Carlyle, Schopenhauer y otros contemporáneos, fue uno de los primeros en darse cuenta de todas las implicaciones de la nueva cosmovisión científica: reduce a la humanidad a un organismo biológico que no tiene propósito, bien o valor inherente. Como dijo Tolstói: «Eres un conglomerado temporal y accidental de partículas. La interrelación, el cambio de estas partículas, produce en ti eso que llamas vida. Esta acumulación durará algún tiempo; entonces cesará la interacción de estas partículas, y eso que llamas vida y todas tus preguntas lle-

---

84. Arthur Schopenhauer: *On Human Nature*, trad. Thomas Bailey Saunders, Cosimo, Nueva York, 2010, 62. La frase «Sinn des Lebens» aparece también al menos una vez en la obra magna de Schopenhauer *Die Welt als Wille und Vorstellung*.

85. Lev Tolstói: *Tolstoy's Diaries, Volume I, 1847–1894*, ed. R. F. Christian, The Athlone Press, Londres, 1985, 191.

86. Lev Tolstói: *Confession*, 33–34. Téngase en cuenta que esta expresión en particular es de la traducción de Louise y Aylmer Maude utilizada por Antony Flew, «Tolstói y el significado de la vida», *Ética* 73, n.º 2, 1963, 110-118.

garán a su fin. Eres un glóbulo cohesivo accidental de algo. Y el glóbulo está fermentando».[87]

Por supuesto, saber algo y que te guste haberlo descubierto son dos cosas diferentes. A muchos no les gustó la verdad incómoda que se encuentra en el corazón de la cosmovisión científica, pero eso no impidió que la cosmovisión se extendiera. A fines del siglo XX, el público en general había resistido generaciones de malestar existencial, tanto que, de hecho, la Gran Pregunta aparentemente incontestable, «¿Cuál es el significado de la vida?», se entendió menos como una invención hecha por el hombre y más como la eterna lucha del hombre. Indudablemente, hizo que algunos añoraran tiempos más sencillos, más encantados o, en su defecto, al menos algún consejo prudente sobre la mejor manera de llevar el cuello de la camisa.

CÓMO LA CIENCIA SURGIÓ DE LA RELIGIÓN

«Este sistema tan hermoso del Sol, los Planetas y los Cometas, solo podría proceder del consejo y dominio de un ser inteligente y poderoso.»

Sir Isaac Newton, *General Scholium*

Aunque hoy en día es común enfrentar a la ciencia y a la religión entre sí, no siempre ha sido así. Durante varios siglos, la revolución científica avanzó dentro del contexto del cristianismo y de la firme creencia en Dios, en lugar de oponerse a ello.

De hecho, el análisis racional y lógico en el que se basó la ciencia se desarrolló primero en el contexto de los estudios teológicos como una manera de comprender mejor a Dios y el mundo que había creado.[88] Ini-

87. Lev Tolstói: «My Confession», en *The Meaning of Life*, 2.ª ed., E. D. Klemke, trad. Leo Wierner, 11–20, Oxford University Press, Nueva York 2001, 15.

88. Jaakko Tahkokallio: *Pimeä aika*, Gaudeamus, Helsinki, 2019.

cialmente, las investigaciones científicas eran una manera de celebrar la existencia de Dios y acercarse a él. Dado un cosmos racional diseñado por voluntad divina, los científicos como Newton simplemente descifraban el lenguaje de Dios. El objetivo era comprender mejor el plan celestial inteligente del universo. Johannes Kepler, matemático y astrónomo alemán del siglo XVII cuyas leyes del movimiento planetario tuvieron una gran relevancia en la revolución científica, estaba motivado por el deseo de demostrar que Dios había creado su universo sobre la base de la geometría. Kepler pasó de ser un teólogo a un astrónomo cuando se dio cuenta de que «Dios también es glorificado en la astronomía, gracias a mis esfuerzos».[89]

La cosmovisión científica comenzó así como un descendiente de la cosmovisión cristiana, pero pronto asfixió a su progenitor. Cada vez más pensadores comenzaron a comprender que los diversos elementos de esta nueva cosmovisión ya no dependían únicamente de Dios, sino que podían valerse por sí mismos. Si bien la palabra «ateísmo» apareció por primera vez en el idioma inglés en 1540,[90] pasó algún tiempo antes de que se acotara su definición y pasara de denotar herejía general a significar una negación absoluta del teísmo. Como todo lo que representa una afrenta al *statu quo*, la palabra se utilizó por primera vez de manera acusadora: la mayoría de las personas veían el ateísmo similar a la brujería y a la hechicería.

No fue hasta mediados del siglo XVIII cuando el francés Denis Diderot se convirtió en el primer filósofo ateo público y confeso.[91] Como

89. En la «Carta a Mästlin» de Kepler, de 1595. Citado en James R. Voelkel: *The Composition of Kepler's Astronomia Nova*, Princeton University Press, Princeton, Nueva Jersey, 2001, 33.

90. Este y otros hechos sobre la historia del ateísmo en este párrafo provienen de Gavin Hyman, *A Short History of Atheism*, IB Tauris & Co., Nueva York, 2010, 3–7. Shyman señala que entre los antiguos pensadores griegos y romanos a veces podemos encontrar lo que él llama ateísmo «suave». Fue una forma de librepensamiento, donde algunos individuos excepcionales propusieron teorías intelectuales que veían el papel de Dios de nuevas formas o incluso le negaban mucho un papel destacado. Pero estos pensadores eran pocos, por lo general no rechazaban la práctica religiosa y sus discursos no implicaban una negación resuelta de un reino trascendente.

91. Hyman, *A Short History of Atheism*, pág. 7.

tendencia filosófica, el ateísmo corría como la pólvora… al menos en ciertos círculos. A finales del siglo XIX, Tolstói observó que, entre los círculos eruditos de las élites rusas y europeas, «apenas uno de cada mil profesaba ser creyente».[92] A fines del siglo XIX, muchas universidades habían rechazado el pensamiento previamente aceptado del dogma religioso, relegando la argumentación religiosa a un papel marginal. Los pensadores y creyentes religiosos, por supuesto, no desaparecieron, pero la práctica de la fe y la fe en sí misma se volvieron un asunto más privado. En la esfera pública, especialmente en la política y en el lugar de trabajo, se esperaba que los creyentes religiosos participaran en discusiones racionales en las que lo sobrenatural ya no podía incluirse como parte del propio argumento. A la hora de tomar decisiones sobre cuándo recoger las cosechas o si construir una presa, uno confiaba en el conocimiento científicamente probado, no en la revelación divina, y consultaba a expertos, no a espíritus.

Sin duda, el encantamiento, la religión y lo sobrenatural todavía influyen en la vida de muchas personas hoy en día: no como el tapiz de fondo evidente de nuestra cosmovisión, sino como algo que coexiste con la cosmovisión científica en más o menos tensión. Las personas religiosas de hoy deben abrirse camino entre sus creencias privadas, más encantadas, y la forma no encantada, racional y moderna de ver el mundo. Y aunque esta cosmovisión no encantada ha llevado a muchos avances en tecnología y en la forma de dirigir una sociedad, también ha revelado una posibilidad terrible: ¿qué pasaría si el universo no creara a los seres humanos para cumplir un gran propósito en la vida? ¿Y si el sentido de la vida es que no hay sentido?

Por lo tanto, la pregunta «¿Cuál es el significado de la vida?» es ante todo reaccionaria. Fue inventada como consecuencia de la difusión de la cosmovisión científica y el consiguiente no encantamiento del mundo. Se puso en tela de juicio el antiguo propósito evidente de todo el cosmos, incluidos los seres humanos dentro de él. En este contexto, se

92. Lev Tolstói: «My Confession», en *The Meaning of Life*, 19.

volvió sumamente importante pedir lo que se había perdido. Y se inventó una frase para describir lo que antes teníamos: sentido de la vida. Pero no culpemos a la ciencia de nuestra crisis existencial. Después de que la cosmovisión científica entrara en la conciencia humana, alguien debía inventar la idea de que deberíamos experimentar nuestras vidas como significativas. Entran en escena los románticos.

6

Una noción romántica

«Tratar de descubrir el significado de la vida puede ser como intentar montar un mueble de Ikea cuando estás convencido de que te falta una pieza o de que no te han dado las instrucciones adecuadas. Pero el verdadero problema es que estás tratando de montar un complicado armario Maråker cuando en realidad solo tienes las piezas de una estantería Billy de tres baldas. Parece que falta algo solo porque esperas mucho más».

JULIAN BAGGINI, *Revealed: The Meaning of Life*

Además de jugar un papel importante en el lanzamiento de la búsqueda moderna del sentido de la vida en el mundo occidental, Thomas Carlyle, Arthur Schopenhauer y Søren Kierkegaard tenían algo más en común: el Romanticismo alemán. Carlyle tradujo los escritos de muchos románticos alemanes al inglés y escribió *Vida de Schiller*, un libro sobre uno de los principales poetas alemanes de finales del siglo XVIII. Dado que era alemán, Schopenhauer estaba familiarizado con gran parte del trabajo de sus compatriotas y, en cierto sentido, su filosofía pesimista fue una reacción a ellos. Llegó, ciertamente, a conclusiones intelectuales que los románticos no se atrevían a barajar. Kierkegaard se mudó a Berlín para escuchar las conferencias de Friedrich Schelling, otro romántico alemán, y escribió gran parte de su primer tratado existencial, *O lo uno o lo otro*, durante su estancia en dicha ciudad. El trabajo de detective histórico sobre el trasfondo intelectual que compartían estos tres hombres lleva a una pregunta:

¿hubo algo en el idealismo alemán que plantó la semilla de la crisis existencial que experimentaron los tres?

Una de las figuras centrales del romanticismo alemán temprano fue un poeta llamado Georg Philipp Friedrich von Hardenberg, más conocido como Novalis, cuyo único amor verdadero en la vida, Sophie von Kühn, murió después de que se comprometieran pero antes de que llegaran a casarse. Novalis se encontró apesadumbrado y rebosante de visiones idealistas sobre el amor y la vida, que plasmó en poemas y otros escritos antes de morir de tuberculosis a la edad de veintiocho años. Como reacción directa a la cosmovisión cada vez más racionalizada y desencantada de Europa que rápidamente secularizaba lo espiritual y lo sagrado, el romanticismo alemán volvió su enfoque hacia adentro: el encanto debería venir del interior. Novalis, junto con otros poetas y filósofos románticos de ideas afines, defendió las emociones humanas, elevándolas a un estado casi sagrado. Adoraban el amor y la autenticidad emocional y creían que esos dos conceptos debían guiar nuestras vidas.

Hoy en día, cada vez que un amigo o un ser querido se plantea una gran decisión en la vida, es corriente decir: «Sigue a tu corazón». Este consejo es en gran medida un invento romántico. Antes de los románticos, era más común seguir adelante, ignorar el corazón y cumplir con el deber. Para los románticos, sin embargo, seguir al corazón era menos un sentimiento y más una directriz: el romántico ignoraba con valentía las normas sociales, las expectativas paternas, los consejos racionales y otras limitaciones para cumplir con la vocación de su corazón. El héroe supremo era un poeta víctima de un amor no correspondido que descuidaba los deberes y los aspectos prácticos de la vida y, a poder ser, moría de forma prematura cuando su frágil cuerpo o corazón lo traicionaba. A pesar de saber que nunca se ganaría el afecto de su interés amoroso —o, peor aún, habiéndolo perdido como Novalis—, seguía dedicándole su amor y utilizaba la poesía para expresar sus sentimientos.

El romanticismo inició así una idea que desde entonces ha sido promovida por películas de Hollywood e innumerables canciones pop: el amor debe ser una experiencia arrebatadora. El verdadero amor te está esperando en algún lugar, y cuando lo conozcas, será un amor a primera vista: tendrás la certeza inmediata de que esa persona es la elegida por tu corazón y de que os amaréis para siempre. Además de promover una expectativa del amor poco realista, que «ha sido un desastre para nuestras relaciones» y ha tenido «un impacto devastador en la capacidad de las personas comunes para llevar una vida emocional exitosa», como ha argumentado el filósofo Alain de Botton,[93] el Romanticismo también transformó el ideal en un imperativo: nunca debes conformarte con menos, una afirmación que suena bien pero que rara vez funciona a la hora de manejar la infinidad de complejos componentes emocionales de una relación romántica y mucho menos los problemas mundanos de la convivencia.

Esta línea de pensamiento también se trasladó al trabajo: no te conformes con ningún otro trabajo, encuentra tu verdadera vocación. ¿Te resulta familiar? ¿Cuántas veces te han dicho —en anuncios, películas, canciones, libros de autoayuda— que no debes conformarte con el amor, el trabajo, la vida o la felicidad?

Implícita en esta directriz está la idea de que todos, en algún lugar y de alguna manera, experimentamos una llamada interna. Todo lo que tenemos que hacer es encontrarla, y luego entenderemos para qué nos pusieron en la tierra. Lo que hicieron los románticos fue tomar la idea cristiana de la llamada —como cuando nos llama Dios para hacer realizar alguna obra—, y reemplazar «Dios» por «corazón». Así pues, todavía estabas destinado a cumplir una verdadera misión en la vida, pero en lugar de que fuera Dios quien te la encargara, estaba escondida dentro de ti todo el tiempo. Esa idea se convirtió en una especie de lema para la literatura de autoayuda —encuentra tu verdadera vocación— que, lamentablemente, no tiene mucho que ver con la realidad.

Y así es como todo se conecta con el significado de la vida: al defender la vocación del corazón, los románticos promovían, en esencia, la idea de que a cada uno de nosotros se nos ha prometido una vida significativa; solo

93. Alain de Botton: «How Romanticism Ruined Love», 19 de julio, 2016, https://www.abc.net.au/religion/how-romanticism-ruined-love/10096750.

tenemos que descubrirla. Al seguir a tu corazón, surgirá una misión en la que la integridad de tu vida se revelará y de repente encajará, y tu vida se verá abrumada por la claridad, la certeza y un sentido de significado.

Los románticos nos prometieron rosas, pero la realidad a menudo no huele tan bien. Yo diría que la combinación de perder el contacto con la religión a través del surgimiento de la cosmovisión científica, sumado a la noción romántica de que, para vivir de verdad, debes experimentar tu vida como altamente significativa, formó una tormenta perfecta que dio lugar al concepto de crisis existencial y a condiciones endémicas de nuestra cultura moderna actual, una sociedad en la que la falta de significado puede llegar a consumirlo todo. Puede que Carlyle, Kierkegaard y Schopenhauer heredaran de los románticos el anhelo de un gran significado, pero el mundo cada vez más secularizado en el que vivían hacía que pareciera imposible alcanzar tal significado.

Podemos apreciar mejor el impacto del romanticismo y la ciencia al examinar estas influencias en la matriz de 2 x 2 que se muestra arriba. En cuanto a la matriz, la humanidad ha pasado la mayor parte de su historia dentro del cuadrado del sentido implícito de la vida. Para nuestros antepasados, cada criatura tenía un papel que desempeñar en el mundo encantado y la vida era tan obviamente significativa que, salvo para el filósofo ocasional, ni siquiera hacía falta contemplar la cuestión del significado. Luego está la categoría de personas que son conscientes de que la vida como tal no tiene sentido, pero que de todos modos no buscan un sentido cósmico; todo el asunto no parece importar. En lo que respecta a esta categoría de secularismo feliz, la ignorancia puede ser una bendición. Conozco a varias personas que, debido a su incredulidad, no creen en un significado o propósito superior ni sienten que les falta algo en sus vidas. Muchos de ellos han crecido en familias no religiosas. Al no tener mucho que ver con ninguna religión, no sienten que se estén perdiendo algo. Por otro lado, también conozco a varias personas que sienten que la vida debe tener un propósito superior y para quienes Dios o su fe proporcionan ese propósito superior. Los integrantes de este grupo, en la sección de la matriz consciente del significado de la vida, tampoco sienten que les falte nada a sus vidas porque tienen su fe. La cuarta categoría, la de la crisis existencial, es la más trágica, ya que está compuesta por aquellos que anhelan un propósito mientras temen que tal propósito no exista. Los individuos de este grupo son los más susceptibles de enfrentarse al absurdo y caer así en una crisis existencial o, si la historia ha demostrado algo, de convertirse en poetas o filósofos.

La cosmovisión científica puede haber destruido el mundo encantado para ellos, pero el romanticismo y el legado religioso los han llevado a creer que se necesita tal significado. Desafortunadamente, esta es la categoría a la que muchos de nosotros pertenecemos hoy, o al menos nos hemos sumergido en ella durante nuestros momentos más oscuros.

La tensión entre la gran promesa romántica de un propósito superior y un universo secular incapaz de cumplir esa promesa ha transformado la cuestión del significado en el santo grial: su búsqueda es noble y, aunque todos quieren encontrar la respuesta, nos resignamos al hecho probable de que no exista ninguna. Hacemos frente a la discrepancia de tener una pregunta que necesita absolutamente una respuesta, pero que claramente no la tiene, convirtiendo toda la pregunta en una broma. En la escena final de la película *El sentido de la vida* de Monty Python, el actor Michael Palin acepta sin ceremonias un sobre dorado que contiene la respuesta a la pregunta más importante de la vida. «Bueno —lee—, no es nada especial. Trata de ser amable con la gente, evita comer grasas, lee un buen libro de vez en cuando, camina un poco y trata de vivir en paz y armonía con personas de todos los credos y naciones». El autor Douglas Adams va un paso más allá en *La guía del autoestopista galáctico*, en la que una supercomputadora construida expresamente para calcular la respuesta a la gran pregunta sobre la vida y su significado escupe su solución sin sentido: «Cuarenta y dos».[94] Ambas respuestas solo apuntan a la ridiculez de la pregunta en sí: esperamos una especie de respuesta reveladora aunque sabemos que ni siquiera existe.

Las revoluciones de los humanos modernos

Además del surgimiento del romanticismo y de la cosmovisión científica, otras revoluciones en el mundo occidental influyeron y dieron forma a la manera en que el hombre moderno entendía el significado y su lugar en el universo durante los últimos cinco siglos. Destacan, en particular, tres influencias.

En primer lugar, el humanismo elevó el papel del yo. No estando ya a merced de los dioses, los espíritus o la suerte, el hombre era, en cambio, autosuficiente y podía recorrer su camino a través de la vida

94. Douglas Adams: *The Hitchhiker's Guide to the Galaxy*, Ballantine Books, Nueva York, 2009, 161.

sin las trabas de tales fuerzas externas. Esta transición es más visible en las *Meditaciones acerca de la filosofía primera* de René Descartes, publicadas en 1641, en las que Descartes utilizó la duda radical para demostrar la existencia de Dios y la inmortalidad del alma más allá de toda duda razonable.[95] Sus intenciones y conclusiones eran, por tanto, religiosas: poner la fe en Dios sobre bases indudables. Sin embargo, su método albergaba una bomba de relojería. Al probar la existencia de Dios a través de la razón, antepuso al ser frente a Dios. Las tornas cambiaron: la razón humana se convirtió en el fundamento de la existencia de Dios y no al revés. Sin embargo, lo que Descartes y sus contemporáneos no comprendieron es que si se podía utilizar la razón para probar la existencia de Dios, también se podía utilizar para refutarla.

En segundo lugar, la individualización redefinió la relación entre el individuo y la sociedad. En el mundo premoderno, el grupo estaba antes que el individuo.[96] En la medida en que había un individuo, se lo definía a través de roles (su posición dentro de la familia, su clase social, su ocupación, etc.) que ayudaban a dar forma a la comunidad en general. El deber de una persona era cumplir sus deberes basados en su rol, independientemente de sus emociones individuales, sueños o deseos. De hecho, la idea completa de un yo privado e «interior» más allá del propio yo público, comenzó a aparecer en la literatura solo a partir del siglo XVI.[97] La reforma iniciada por Martín Lutero en 1517 enfatizó la relación directa e inmediata entre el individuo y Dios, y el papel de la propia conciencia.

Esta revolución teológica jugó un papel importante al hacer que las personas se enfocaran en el individuo y en las convicciones internas de uno como algo separado del grupo.

---

95. Hyman, en *A Short History of Atheism*, analiza en las páginas 20-26 la transición que tiene lugar en el libro de Descartes.

96. Véase, por ejemplo, MacIntyre: *Tras la virtud*.

97. Baumeister: «How the Self Became a Problem».

Lutero no podía prever que sus ideas se acabarían convirtiendo en nuestra preocupación moderna por el individuo. Lamentablemente, nuestra obsesión por celebrar las emociones, los sueños y los deseos individuales es a menudo un perjuicio cuando se trata del bien del grupo.

Otro sentimiento moderno en gran parte ajeno a la persona medieval es la creencia en el progreso mediante el esfuerzo humano. Tanto la cosmovisión científica como la Revolución Industrial enseñaron a la gente que el mundo era un lugar mucho más controlable de lo que se pensaba hasta entonces. El mundo ya no era un lugar donde las fuerzas cósmicas salvajes solo se podían domesticar parcialmente mediante rituales y hechicería, y donde el orden de las cosas era estático y estable, sino que obedecía a ciertas leyes de la naturaleza. Por tanto, si el hombre conseguía entender la ciencia que se hallaba tras esas leyes, tal vez pudiera utilizarlas a su favor y hacer avanzar su propio progreso y sus proyectos. El hombre de la modernidad industrial llegó a ver el mundo como algo que había que dominar y controlar, y pronto los diversos inventos y las mejoras reales de las condiciones de vida provocadas por la Revolución Industrial hicieron que la idea del progreso se convirtiera en el curso natural de la vida. [98]

Estas tres transformaciones, el humanismo, el individualismo y el sentido de dominio y progreso de los humanos, trabajaron de forma conjunta con la cosmovisión científica para crear una comprensión completamente nueva del lugar de los humanos en el universo. Por supuesto, también se estaban produciendo al mismo tiempo otras muchas transformaciones: la urbanización, el surgimiento de la clase mercantil y la industrialización que desarraigó a la gente de sus tie-

---

98. Hyman, en *A Short History of Atheism*, XVI-XVII, señala que el mundo como algo que se debe dominar y controlar y la sensación de progreso son características clave que definen la cosmovisión moderna.

rras y comunidades.[99] La importancia de los nuevos sistemas políticos democráticos que Estados Unidos y Francia iniciaron en los últimos años del siglo XVIII no debe subestimarse: la legitimidad del gobernante ya no venía de Dios sino de las personas, de los ciudadanos. El resultado acumulado de estas diversas revoluciones en el pensamiento fue una cosmovisión completamente nueva que dejó a las personas cada vez más solas con respecto a los valores de la vida y del sentido de propósito y significado. El individuo se separó del grupo, siguió sus convicciones y deseos interiores, y se creyó capaz y responsable de lograr su propio progreso guiado por valores seleccionados por él mismo.

En resumen, perdimos el contacto con nuestras comunidades tradicionales y con la idea del encantamiento, incluso con Dios. Entramos en la era de la autosuficiencia.

LA ERA DE LA AUTOSUFICIENCIA

«Creer en Dios no es exactamente lo mismo en 1500 que en 2000... no hay más teístas ingenuos, como tampoco hay ateos ingenuos».

CHARLES TAYLOR, *A Secular Age*

---

99. Además, la peculiar situación política europea favorecía nuevas formas de pensar. En la China de gobierno centralizado, el emperador tenía el poder de establecer los límites de lo que uno podía pensar en voz alta. La élite europea estaba unida culturalmente y, por tanto, intercambiaba pensamientos de forma constante, pero en lo político Europa estaba dividida en pequeñas ciudades-estado y reinos. Esto significaba que para un librepensador que empujaba los límites de lo que uno podía pensar, siempre había en algún lugar algún príncipe o gobernante más liberal y tolerante, y a cuyo principado uno podía huir si las cosas empezaban a calentarse demasiado en la ubicación actual. Creo que no debemos subestimar esta condición históricamente peculiar —unidad cultural dentro de la política descentralizada— al permitir el rápido desarrollo de varias innovaciones en el pensamiento en campos que van desde la filosofía hasta la astronomía y la política.

Estados Unidos está a la zaga de muchos países europeos en términos de pérdida de fe, pero incluso aquí las cosas se han acelerado. Hoy en día, aproximadamente cincuenta y seis millones de ciudadanos estadounidenses viven ajenos a cualquier religión formal,[100] pero si la tendencia actual de secularización continúa al mismo ritmo, en 2050 la mayoría de los estadounidenses no estarán afiliados a ninguna religión. Esta estadística es relativamente impactante, dado que, durante mucho tiempo, la religiosidad en Estados Unidos se ha mantenido bastante estable. Poco después de 1990, sin embargo, se dio inicio a un fuerte crecimiento en el número de no afiliados, que se convirtieron con una clara diferencia en el grupo religioso de más rápido crecimiento en Estados Unidos. El cambio es especialmente claro en las generaciones más jóvenes, ya que el 36 % de los *millennials* nacidos después de 1981 ya no están afiliados.[101]

En varios países europeos, no creer en Dios —y ser abierto al respecto— es hoy en día una actividad normal. La República Checa es probablemente el país más ateo del mundo, con un 40 % de la población que niega de forma clara la existencia de Dios, mientras que Estonia ocupa el segundo lugar.[102] En Francia, Alemania y Suecia, son más las

---

100. De los no afiliados, aproximadamente un tercio se identifican a sí mismos como ateos o agnósticos (31 %), alrededor de otro tercio dicen que la religión no es importante para sus vidas (39 %), mientras que otro tercio (30 %) ven la religión al menos como algo importante en sus vidas pero no se identifican con ninguna religión en particular. Si bien las personas de este último grupo aún pueden creer en algún tipo de Dios o de espiritualidad, su forma de creer no está relacionada con ningún grupo religioso en particular, sino que creen o no creen a su manera. Véase Pew Research Center: *America's Changing Religious Landscape*, Pew Research Report, 2015.

101. Pew Research Center: *America's Changing Religious Landscape.*

102. La estadística acerca de no creer en Dios proviene del International Social Survey Program (ISSP) 2008, citado en Ariela Keysar, y Juhem Navarro Rivera: «A World of Atheism», en *The Oxford Handbook of Atheism*, ed. S. Bullivant y M. Ruse, 553–585, Oxford University Press, Nueva York, 2013. La cantidad de personas sin afiliación religiosa proviene del Pew Research Center, «The Future of World Religions: Population Growth Projections, 2010-2050», Pew Research Report, 2015. En lo que respecta a las personas sin afiliación religiosa, en China, Hong Kong, Corea del Norte, República Checa y Estonia, más de la mitad de la población declara no tener afiliación religiosa, según los datos de 2015 del Pew Research Center.

personas convencidas de la inexistencia de Dios que de la existencia.[103] Y aunque en muchos países, como Estados Unidos, la mayoría de las personas todavía creen en Dios, se ha vuelto más común y aceptable cambiar la propia fe: un salto que habría sido insondable para la persona medieval y quizá, incluso, para la generación de tus abuelos. Según una investigación reciente de Pew, el 42 % de los estadounidenses tienen actualmente una afiliación religiosa diferente a la que tenían en la infancia. Los científicos sociales Robert Putnam y David Campbell señalan en su estudio sobre la religiosidad en Estados Unidos hoy en día que «parece perfectamente natural referirse a la religión de uno como una "preferencia" en lugar de algo con carácter fijo».[104]

Incluso entre los estadounidenses y europeos que mantienen una creencia firme en Dios, la noción de «creencia», en sí misma, se ha vuelto mucho más moderna en lo que yo clasificaría como cuatro formas específicas.

La primera, la creencia se ha vuelto consciente, como ha enfatizado el filósofo Charles Taylor, experto en la naturaleza cambiante de la religiosidad.[105] Hoy en día, en lugar de ser tan evidente que uno ni siquiera es consciente de las alternativas, la creencia se ha convertido en una elección consciente: es una declaración pública de la fe hecha con conocimiento de las alternativas.

En segundo lugar, en general, tanto los creyentes como los no creyentes han aceptado en gran medida las mismas explicaciones naturales de cómo funciona el mundo. Un creyente riguroso puede ver la intervención divina aquí y allá, pero la mayoría de las cosas que ocurren hoy en día se explican mediante la electricidad y otras fuerzas de origen natural o humano en lugar de mediante los espíritus. Cuando a un

---

103. Basado en el porcentaje de personas que creen rotundamente que Dios no existe en comparación con las personas que creen en Dios sin dudas en la encuesta ISSP 2008. Véase la Figura 36.8 en Keysar y Navarro-Rivera: «A World of Atheism», 577.

104. Robert D. Putnam y David E. Campbell: *American Grace: How Religion Divides and Unites Us*, Simon & Schuster, Nueva York, 4.

105. Taylor: *A Secular Age*.

creyente se le avería el coche, lo atribuye a un problema mecánico y no a un daño espiritual.

En tercer lugar, vivimos en un mundo religiosamente diverso. Tanto si has pasado por un cambio religioso o no, es probable que conozcas a alguien que lo haya vivido. En tu lugar de trabajo y en tu comunidad, lo más probable es que te encuentres con personas de diferentes orígenes religiosos. En la década de 1950, todavía era posible una vida en la que tu cónyuge, tus colegas de trabajo y tus vecinos asistían a la misma iglesia que tú. Desde entonces, sin embargo, el mundo se ha diversificado y, especialmente en los entornos urbanos, se ha vuelto tan normal interactuar con personas de diversos orígenes religiosos que ya ni siquiera nos damos cuenta.[106]

En cuarto lugar, en vez de depender de Dios y de varios espíritus para lograr el éxito, nos hemos vuelto cada vez más autosuficientes en cuanto a nuestra capacidad humana e ingenio para superar los desafíos. Podemos ofrecer nuestros pensamientos y oraciones, pero sabemos que no son suficientes por sí mismos para abordar problemas sociales a gran escala. Podemos pedirle a un sacerdote que bendiga un nuevo avión, pero aún queremos estar seguros de que lo ha diseñado un ingeniero competente y de que las autoridades correspondientes, conscientes de los problemas de seguridad, han dado su aprobación. En discusiones privadas sobre cómo resolver problemas en nuestras propias vidas y en discusiones públicas sobre cómo resolver grandes problemas políticos (cambio climático, atención médica, división política), las soluciones se basan en la evidencia y la razón, no en la revelación divina y las consultas a los espíritus.

Esta es la era de la autosuficiencia humana, y es lo que separa la condición humana moderna de la mayoría de los demás períodos históricos.

Hoy tenemos la libertad de elegir si creemos o no en Dios, y en qué tipo de Dios o espiritualidad queremos creer. Nuestra cosmovisión es ahora una cuestión de elección personal, que podemos adaptar para satisfacer nuestras necesidades individuales, prejuicios y creencias.

---

106. Putnam y Campbell: *American Grace*, 6.

¿SOLO UNA ANTORCHA QUE QUEMAR?

«—*¿Todo debe tener un propósito? —preguntó Dios.*
—Ciertamente —dijo el hombre.
—Entonces encárgate de pensar uno para todo esto —dijo Dios.
Y se fue».

KURT VONNEGUT, *Cuna de gato*

Así que aquí estamos, un siglo y medio después de Carlyle, Tolstói y los románticos originales... Pero ¿estamos más cerca de tener la respuesta a la pregunta sobre el significado de la vida que ellos buscaban tan desesperadamente?

Me temo que la respuesta es que no. Si bien el triunfo de la cosmovisión científica en nuestra capacidad para controlar el medio ambiente, combatir enfermedades y producir máquinas y dispositivos que mejoran la vida no tiene precedentes en la historia de la humanidad, todavía existe el mismo agujero enorme en el medio que existía hace dos siglos: la cosmovisión científica parece dejarnos con las manos vacías en lo que respecta a los valores humanos y cómo asignar algún sentido a nuestras vidas.

El problema con la ciencia lo expresó a la perfección Carlyle cuando escribió: «¿Solo una antorcha para quemar, no un martillo para construir?».[107]

El problema es que, cuando nos dejan a nuestra suerte, no estamos seguros de qué debemos valorar o perseguir en la vida. Inventar nuestros propios valores desde cero resulta ser una tarea más difícil de lo que Nietzsche, Sartre y otros existencialistas creían.

Pensaban que, finalmente liberado de las cadenas de la tradición, el autogobernado, el llamado *übermensch* —el individuo que está por encima de la mezquina moralidad de la gente común— crearía los propios valores.

---

107. Carlyle: *Sartor Resartus*, 147.

Sin embargo, lo más habitual es que las personas que carecen de un marco de valores busquen la dirección y la orientación de quien todavía esté dispuesto a dárselas.

La posición social que anteriormente ocupaban sacerdotes, ancianos de la tribu y líderes comunitarios ha sido asumida por gurús de la autoayuda, políticos egoístas, publicistas, falsos profetas y similares. La vieja cosmovisión se ha ido, pero no estamos seguros de si nos gusta, y mucho menos confiamos en su reemplazo.

El proceso histórico-cultural que va desde la certeza encantada de la cosmovisión medieval hasta una cosmovisión moderna desencantada, antropocéntrica y llena de dudas tardó varios siglos en llevarse a cabo. Pero muchas personas atraviesan este proceso mental durante una sola vida, incluso dentro de un solo período de sus vidas.

Como proceso cultural, la transformación es un desarrollo histórico interesante. Como proceso dentro de un individuo, a menudo es trágico y conduce a una crisis que puede resultar completamente abrumadora. Por suerte, sin embargo, existe un camino para salir de este fango y, lo sepas o no, ya posees muchas de las herramientas necesarias para encontrar y crear un significado duradero.

7

La vida tiene sentido con o sin el sentido de la vida

«Lo que desespera a las personas es que tratan de encontrar un significado universal a toda la vida, y luego terminan diciendo que es absurda, ilógica y está vacía de significado. No hay un gran significado cósmico para todos, solo existe el significado que cada uno le da a su vida, un significado individual, una trama individual, como una novela individual, un libro para cada persona».

ANAÏS NIN, *Diario II*

El universo ya no puede ser algo encantado, pero los seres humanos todavía añoran lo que significa. ¿Existe alguna forma de salir de este acertijo? Afortunadamente, sí. Y comienza con la comprensión de la diferencia entre el significado *de* la vida y el significado *en* la vida.

Cuando las personas preguntan sobre el «significado de la vida», por lo general buscan algún tipo de significado universal, un significado que se aplique a la vida en general. El significado de la vida es un propósito impuesto desde el exterior, algo que presumiblemente un dios o el cosmos otorga a los seres vivos. El significado de la vida, por tanto, es algo más allá de esa vida en cuestión que justifica su significado. Para encontrar un significado satisfactorio de la vida, las personas tradicionalmente se vuelcan en la tradición religiosa que profesen: los cristianos pueden recurrir a la Biblia; los musulmanes, al Corán; los hindúes, al Bhagavad Gita, etc., para descubrir qué papel juegan en el plan maestro de Dios o cuál es su lugar y propósito apropiados en el cosmos. Lo que es común aquí es que alguna autoridad desde arriba le da sentido a la vida humana.

Luego está la cuestión del significado en la vida, que es mucho más personal. El significado en la vida es lo que hace que tu vida sea significativa:[108] se trata de experimentar el significado dentro de tu propia vida. Por lo tanto, esta pregunta no trata de valores universales, sino de los valores, metas y propósitos que personalmente consideras valiosos y que podrían ayudarte a guiar tu vida. Se trata de identificar o crear lo que hace que tu propia vida te parezca digna de ser vivida.

Si bien puede ser cierto que encontrar un significado a la vida es imposible sin una creencia religiosa o algún otro tipo de creencia en lo sobrenatural,[109] no hay nada que te impida experimentarla como algo valioso y significativo con o sin lo sobrenatural. La vida es, ante todo, algo que experimentas, no algo que observas imparcialmente. Por lo tanto, la pregunta fundamental sobre la vida es cómo experimentarla como significativa, no si es significativa cuando se observa imparcialmente desde arriba. Yo, por mi parte, estoy feliz de renunciar a la búsqueda del significado de la vida para concentrarme en la pregunta que realmente importa: ¿cómo encuentro el significado de mi vida?

A diferencia del significado de la vida, que fácilmente se convierte en sutilezas metafísicas muy alejadas de tu existencia cotidiana, el significado en la vida es algo a lo que asistes todos los días, a través de cada una de tus acciones. Cuando tomas una decisión, ya sea de forma consciente o inconsciente, tiendes a elegir la opción que, de alguna manera, te parece

---

108. Así es como los psicólogos definen el significado en la vida. Se debe tener en cuenta que para los filósofos, incluso la cuestión del «significado en la vida» se refiere típicamente al significado objetivo de una vida en particular, si esa vida es «realmente» significativa, más que al sentido subjetivo de significado de la persona.

109. Nótese que hoy en día muchos filósofos analíticos siguen siendo naturalistas objetivos, y creen que se puede salvar alguna forma de objetivismo incluso si aceptamos el naturalismo. Véase, por ejemplo, Metz: *Meaning in Life*; y Antti Kauppinen: «Meaningfulness», en *The Routledge Handbook of Philosophy of Well-Being*, ed. G. Fletcher, 281–291, Routledge, Abingdon, Reino Unido, 2016. Desafortunadamente, este no es el momento ni el espacio para discutir los méritos y las deficiencias de estos intentos.

más valiosa. Tus pequeñas y grandes opciones de vida son, por lo tanto, tu respuesta a la pregunta de qué cosas hacen que sientas tu vida más valiosa y significativa.

A menudo, no tienes una teoría específica que te guíe en estas elecciones, pero de alguna manera ciertas opciones y experiencias te parecen más significativas que otras. Por lo tanto, el valor y la significación ya están imbuidos en tu existencia como experiencias vividas. De hecho, la vida está llena de momentos significativos: abrazar a un buen amigo después de una larga separación, cocinar una buena comida para tu familia, lograr algo como equipo en tu lugar de trabajo, notar que te has vuelto más competente en algún pasatiempo que te apasiona, ayudar a alguien en un momento en el que realmente lo necesita... Para experimentar estos momentos como significativos, no necesitas ninguna teoría o justificación racional. Simplemente puedes experimentar su significado inherente.

El problema con gran parte de la filosofía sobre el significado de la vida humana es que su punto de partida es «desde arriba». Es decir, estableces una mirada imparcial y distante de la vida y luego tratas de deducir de forma lógica algún significado en ella. Pero al ser imparcial, esta perspectiva ya ha perdido el significado que inevitablemente experimentas en tu vida. La significación ocurre dentro de la vida más que fuera de ella: experimentar la significación es tan natural como experimentar calidez o compasión. Por lo tanto, en lugar de mirar desde fuera de ti mismo, puedes comenzar tu examen de la significación desde dentro investigando esas experiencias de significación que ya forman parte de tu vida.[110]

Cuando concentres tu atención en el significado de la vida —en aquellas experiencias que te hacen ver tu vida como significativa—, no tardarás en darte cuenta de que en tu vida ya hay muchas relaciones, experiencias y emociones que para ti son significativas, independientemente de que exista una explicación racional del motivo. En cuanto a

110. Este sentimiento está en el corazón de la filosofía pragmática de Dewey. Véase especialmente Gregory Pappas: *John Dewey's Ethics: Democracy as Experience*, Indiana University Press, Bloomington, 2008.

los existencialistas, tal vez no fue la superestrella del movimiento, Jean-Paul Sartre, quien tenía razón sobre el significado humano, sino Simone de Beauvoir, cuyas contribuciones filosóficas se descuidan con demasiada frecuencia. A diferencia de las fantasías de Sartre sobre un individuo autosuficiente y autónomo totalmente separado de los demás que crea sus propios valores a partir de la nada, Beauvoir enfatizó que cada uno de nosotros ya está inmerso en una situación particular desde la que operamos.[111] Apoya a Sartre y a otros existencialistas al anunciar que no debemos buscar la garantía de valores impuestos externamente. Si la vida ha de ser valiosa, no es porque alguien la haya hecho valiosa, sino porque tú mismo la experimentas como tal. Pero en lugar de inventar valores de la nada, su existencialismo más situado enfatiza el hecho de que ya valoramos y deseamos ciertas cosas.

Para ella, el existencialismo en sus formas más extremas «encierra al hombre en una angustia estéril, en una subjetividad vacía» y es incapaz de «proporcionarle ningún principio para tomar decisiones».[112] En cambio, como seres humanos, ya estamos situados; ya tenemos muchos valores, convicciones y deseos. Es desde ahí, desde la vida tal como se vive, desde donde puedes y debes comenzar tu crecimiento ético y tu búsqueda de mejores valores. Para darle espacio a tal crecimiento, debes estar abierto a revisar tus valores, metas y compromisos. Como señala Beauvoir, «el hombre no debe tratar de disipar la ambigüedad de su ser sino, por el contrario, aceptar darse cuenta de ella».[113] En lugar de partir de un punto de vista imparcial, o de cero, es mejor empezar desde lo que actualmente experimentas como valioso y con lo que vale la pena comprometerte, y construir sobre eso. En el corazón de lo que Beauvoir llama una ética de la ambigüedad radica cierto tipo de humildad con respecto a los valores de uno, combinada con una amplitud de miras

111. Véanse, por ejemplo, los ensayos «Pirro y Cineas» y «Por una moral de la ambigüedad», de Simone de Beauvoir, en *Obras completas*, Aguilar, Madrid, 1986.

112. Beauvoir en el ensayo «Introduction to an Ethics of Ambiguity», trad. Marybeth Timmermann. En Beauvoir: *Philosophical Writings*, 291; «Por una moral de la ambigüedad», en español.

113. Beauvoir: *Philosophical Writings*, 293.

para aprender y crecer, y ahí, en mi opinión, es donde comienza el camino hacia una forma de vida más significativa.[114]

Cuando pienses en el significado, no comiences por las grandes preguntas metafísicas sobre el origen del universo y demás. Empieza por tus experiencias de vida. Empieza desde donde te encuentras ahora mismo. Reflexiona por un momento sobre las experiencias recientes que hayas tenido. Piensa en cuáles han sido más significativas que otras. Luego, considera cuáles han sido menos significativas. Una vez que hayas identificado las experiencias más significativas de tu vida actual, puedes comenzar a pensar en cómo tomar decisiones de vida que te garanticen más experiencias de ese tipo en el futuro. Si pasar tiempo con cierta persona es el momento más significativo que se te ocurre, ¿cómo puedes estar con esa persona más a menudo? Si ciertas tareas laborales son más significativas para ti que otras, ¿qué puedes hacer para construir una trayectoria profesional que utilice mejor ese conjunto de habilidades? Utiliza tu propia experiencia de vida como punto de partida para ahondar en tu sentido de significación y realización. Y si todavía estás un poco estancado, no te preocupes. Como irás viendo en los próximos capítulos, expongo algunos valores fundamentales comunes que pueden ayudarte a identificar los lugares en los que la mayoría de nosotros solemos buscar significado en nuestras vidas.

Por irónico que resulte, cuando nos enfocamos en el significado de la vida, tendemos a separarnos unos de otros, estableciendo juicios y distinciones radicales que nos aíslan aún más en cámaras de eco autorreferenciales. Tu sistema de creencias tradicional, por ejemplo, puede chocar contra el mío, y nuestra diferencia de opinión, si no la manejamos con respeto, puede crear fácilmente un abismo entre nosotros. Eso no es sostenible hoy en día, no en un mundo conectado globalmente donde tendemos a encontrarnos a diario con personas de culturas, orí-

---

114. Hablo de esta idea de crecimiento moral y sus raíces en el pragmatismo, especialmente en Frank Martela: «Is Moral Growth Possible for Managers?», en *Handbook of Philosophy of Management*, ed. Cristina Neesham y Steven Segal. Publicación anticipada *on-line* en internet, DOI: 10.1007/978-3-319-48352-8_18-1.

genes y sistemas de creencias diferentes a los nuestros. Sin embargo, si nos enfocamos en el significado de nuestras vidas, nos sorprenderá la similitud que existe en nuestras fuentes típicas de significación. Las mismas cosas llenan de significado la vida de las personas en todo el mundo, sin importar el contexto cultural. La condición humana es verdaderamente universal y en nuestro mundo global se ha vuelto importante, quizás ahora más que nunca, identificar las cualidades, características y necesidades que nos unen. Con suerte, al identificar nuestra condición humana básica también podemos aprender la compasión y la tolerancia para comprendernos mejor unos a otros. Analicemos con más detalle la forma en que tendemos a encontrar sentido en la vida de la misma manera, independientemente de nuestras diferencias culturales.

EL SIGNIFICADO ANTE EL SUFRIMIENTO Y LA MUERTE

Es un hecho ineludible del ser humano que, en algún momento, sufriremos, y que algunos sufriremos más que otros. También es un hecho triste de nuestra humanidad que la muerte, a la larga, nos unirá a todos: es un destino del que nadie puede escapar, con independencia de sus pensamientos sobre la otra vida, el cielo o el infierno, o, de hecho, si esos planos de existencia son reales o no. ¿Cómo, entonces, darle sentido al significado frente a una realidad tan sombría? ¿La muerte, como último punto de inflexión, distorsiona la esencia del significado mismo? ¿Tiene todo este sufrimiento, este morir, un significado?

Para muchos de nosotros, las preguntas sobre el significado de la vida son un anticipo de nuestras creencias religiosas o espirituales. Sin embargo, si aceptamos el hecho de que todos experimentaremos sufrimiento y muerte a pesar de nuestras diferencias religiosas o espirituales, podemos comenzar a hablar sobre lo que significa encontrar sentido en la vida incluso mientras nos enfrentamos a un destino o una situación desesperada que no se puede cambiar. Ahora bien, lo que este libro no puede ofrecer es un alivio directo del sufrimiento. Hay horribles condiciones de vida y tragedias, y no deberíamos engañarnos pensando que al tener que pasar por ellas no nos sentiríamos en plena agonía.

Pero si al mismo tiempo uno está convencido de que la vida humana, en principio, no tiene ningún valor, esto hace que enfrentarse a cualquier situación difícil sea aún más difícil. Lo que sería de ayuda es que se pudiera encontrar alguna esperanza de significado incluso en esa situación. Como escribe Viktor Frankl en *El hombre en busca de sentido*: «Porque lo que importa entonces es dar testimonio del extraordinario potencial humano en su máxima expresión, que es transformar una tragedia personal en un triunfo, convertir la propia situación en un logro humano. Cuando ya no somos capaces de cambiar una situación —pensemos, por ejemplo, en una enfermedad incurable como un cáncer inoperable—, tenemos el desafío de cambiarnos a nosotros mismos».[115] Este tipo de cambio tal vez sea difícil, pero en situaciones bastante graves puede ser nuestra única esperanza.

Además del sufrimiento, la muerte es el otro factor decisivo de la significación. Algunas personas parecen estar convencidas de que solo la vida eterna garantiza una existencia significativa. Si tarde o temprano todo desaparece, ¿de qué sirve luchar? La impermanencia de la vida, como se ha señalado en el segundo capítulo, es una de las vías clave a través de las cuales llegamos a luchar contra lo absurdo de la vida. El hecho de que nuestras vidas se vean socavadas por la muerte a menudo se interpreta como un argumento destructivo en contra de que la vida tenga un significado permanente. Y, sin embargo, no veo ninguna razón por la que no pueda haber sentido sin la eternidad.

Imagina que ves a un niño pequeño ahogándose en un río. Sin pensarlo, te lanzas al agua y lo salvas. Tu acto heroico ha sido muy valioso. Realmente has marcado un antes y un después en la vida del niño, y eso es significativo. El significado de tu acto no disminuye por el hecho de que tarde o temprano, tal vez en unos hipotéticos ochenta años, ese

---

115. Frankl: *Man's Search for Meaning*, 112. Hay que tener en cuenta que esta cita es de la edición de 2006 de Beacon Press.

chico morirá de todos modos. Incluso si muere en algún momento en el futuro remoto, tu acto hace posible todos esos años intermedios. Gracias a ti, este mismo niño tiene la oportunidad de crecer y convertirse en un hombre sano y seguro con una carrera interesante, una familia amorosa, buenas amistades y todas las otras cosas que la vida puede ofrecer. Se podría decir que tu acto de heroísmo hace posible esa vida y se manifiesta aún más en la vida de todas las personas con las que tiene y tendrá una relación: padres, hermanos, amigos y la futura familia del niño.

La significación ocurre durante la vida, no después de ella. Si bien los humanos somos reflexivos, realmente solo experimentamos la vida en el momento presente. En este sentido, el pasado es tan solo una recopilación de recuerdos que experimentamos en el presente. El futuro es la proyección de esperanzas y predicciones que hacemos en el momento presente. Como dice el filósofo Gregory Pappas, «la previsión, la retrospectiva y la observación presente se hacen en el presente para el presente». [116] Pappas cita con aprobación al filósofo John Dewey, quien resume su receta para la significación de la siguiente manera: «Actuar para aumentar el significado de la experiencia presente». [117] El significado en la vida es la experiencia de la significación. Y hasta donde yo sé, experimentamos en el momento presente, aquí y ahora. La significación que experimentaste en 2020 no desaparecerá en 2030. La vida se compone de momentos temporales, algunos de los cuales son más significativos que otros. Y que no duren para siempre no les quita significado, como señaló Aristóteles: «Además, el bien tampoco será bueno en mayor medida por ser eterno, así como la blancura que dura mucho tiempo no será más blanca que la que dura solo un día». [118] Esto es cierto en la vida en general. La cantidad de significado que experimentas en tu vida no está determinada por algún momento místico del futuro lejano. Se determina todos los días, a lo largo

116. Pappas: *John Dewey's Ethics*, 152.

117. John Dewey: *Human Nature and Conduct*, Henry Holt and Company, Nueva York, 1922, 196.

118. Aristoteles: *Nicomachean Ethics*, 1096b:3–4.

de tu vida. El significado en la vida es algo que solo podemos experimentar mientras estamos vivos.

En lugar de hacer que sintamos nuestras vidas menos significativas, la conciencia de la muerte puede hacer que sintamos nuestras vidas más significativas y valiosas. Saber que tu tiempo en la tierra es limitado puede ayudarte a apreciar aún más tus días. Esta es la razón por la que las experiencias cercanas a la muerte, que nos hacen ser muy conscientes de la limitación de la existencia (superar una enfermedad mortal, por ejemplo), a menudo llevan a las personas a cambiar sus prioridades y sus vidas de manera drástica. A veces resulta contradictorio darte cuenta de que tu vida está muy lejos de ser lo que realmente deseas que sea: no puedes flotar por la vida posponiendo el momento de detenerte a contemplar lo que realmente importa. Si quieres hacerte cargo de tu propia vida, es mejor hacerlo antes de que sea demasiado tarde. No es de extrañar que los antiguos filósofos estoicos, los filósofos existencialistas del siglo xx y los budistas hayan recomendado la conciencia de la muerte como un ejercicio importante de la vida. *Memento mori*, «recuerda, morirás», ha sido el lema de varias tradiciones ascéticas y espirituales a lo largo de la historia occidental. La vida es corta. Como escribió Samuel Beckett en *Esperando a Godot*: «Dan a luz a horcajadas sobre una tumba, la luz brilla un instante, luego es de noche una vez más». [119] El mejor remedio es tomar decisiones en la vida que aseguren que mientras la luz aún brille, tus días, semanas y años restantes valen la pena.

Pero ¿cómo asegurarte de que los días que te quedan sean tan significativos como deseas? Para responder a esa pregunta, veamos los factores que suelen hacer que sintamos que las experiencias cotidianas son significativas.

119. Samuel Beckett: *Waiting for Godot*, Grove Press, Nueva York, 1954, 80.

Libros, muerte y noventa años de vida humana en semanas

Para mí, la conciencia de mi propia mortalidad y el tiempo limitado en la tierra no se materializó a través de una experiencia cercana a la muerte, sino más bien, lo cual tal vez resulte apropiado para un filósofo, a través de los libros.

Siendo un lector ávido, a menudo tengo varios montones de libros por ahí, algunos de los cuales entran en la categoría de «Lectura obligada» y otros están destinador a aumentar la pila de «Lo leeré pronto». Un día, después de mudarme a un nuevo piso, estaba pensando qué hacer con todos los libros que no cabían en mi nuevo espacio. Tuve un pensamiento aleccionador: era muy probable que me fuera a la tumba sin haber leído *El arte de la sabiduría mundana* de Baltasar Gracián, *Más allá del estado de bienestar* de Gunnar Myrdal o *Contra Sainte-Beuve* de Marcel Proust. De hecho, cuando muera, aún no habré leído muchos de mis libros. Ahí estaba yo, de pie en mi sótano, mirando la estantería y aceptando la limitación de la existencia humana, todo debido a unos pocos éxitos de ventas sin abrir. No quiero ser demasiado dramático al respecto, pero debo admitir que deslicé los dedos por sus lomos como un gesto de despedida.

Se podría decir que los libros, o el conocimiento de que mi aprecio por ellos es finito, es lo que me despertó para reconciliarme con la comprensión de mi propia mortalidad. Para mi amigo, puede haber sido darse cuenta de que solo podrá comer un número limitado de filetes en su restaurante favorito: si lo visita tres veces al año y tiene por delante treinta años más de vida, le quedan menos de cien filetes que disfrutar. Tim Urban, autor de *Wait But Why*, se dio cuenta de que, a pesar de tener poco más de treinta años, disfrutaría de darse un chapuzón en el océano —algo que hace una vez al año— sorprendentemente pocas veces.

«Por extraño que parezca», escribe, «puede que solo vaya al océano sesenta veces más».[120] La vida es fugaz, así que es mejor hacer que cada momento cuente. El truco consiste en saborear tus días limitados recordando que esta vida, como es sabido, es todo lo que tienes.

Para ayudar a poner esta idea en perspectiva, puedes contar cuántas semanas te quedan, si vives, por ejemplo, hasta los noventa años, como ha propuesto Urban. ¿Cuántas de esas semanas harás que sean significativas? Como dijo el famoso personaje cinematográfico Ferris Bueller: «La vida se mueve bastante rápido. Si no te detienes y miras a tu alrededor de vez en cuando, podrías perderte».[121]

---

120. Tim Urban: «The Tail End», *Wait But Why*, 11 de diciembre, 2015, https://waitbutwhy.com/2015/12/the-tail-end.html.

121. Matthew Broderick en *Ferris Bueller's Day Off* (*Todo en un día,* en español), dirigida por John Hughes, Paramount Pictures, Los Ángeles, 1986.

UNA VIDA HUMANA DE NOVENTA AÑOS EN SEMANAS

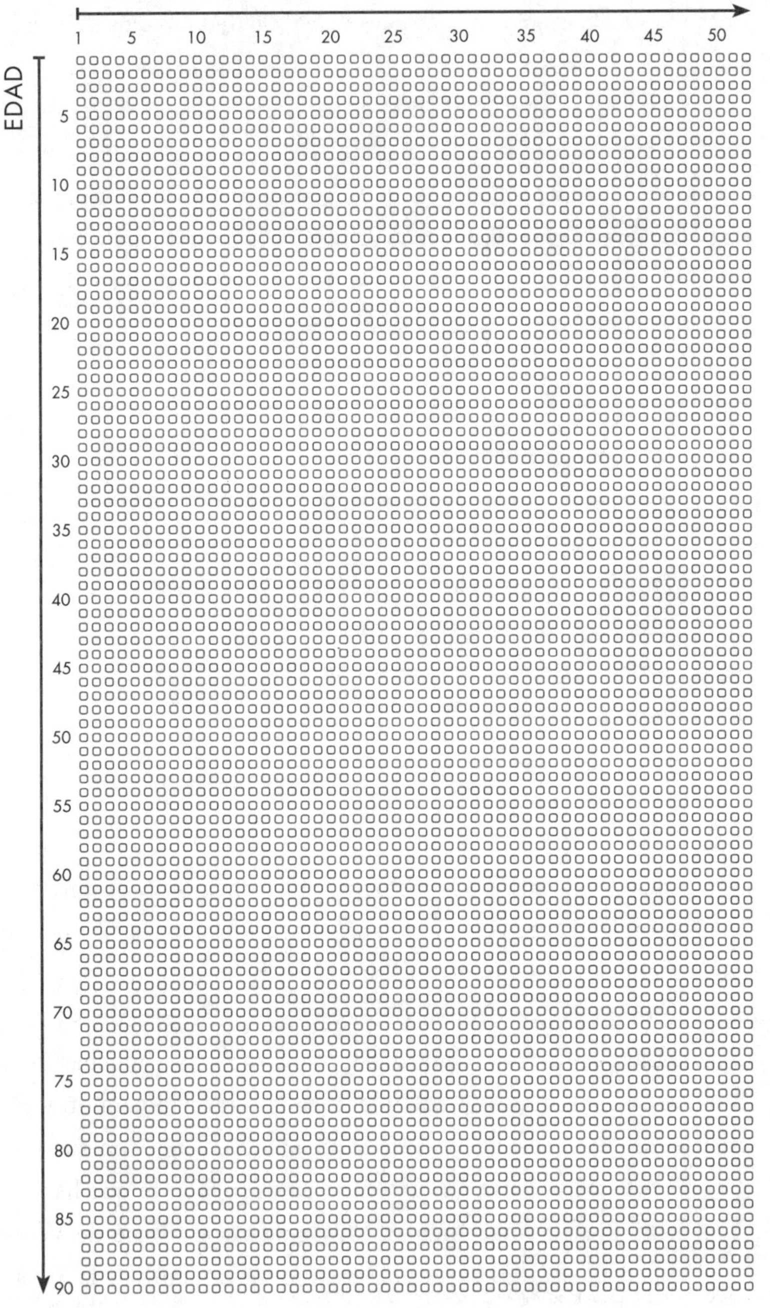

Basado en la publicación de waitbutwhy.com «Your Life in Weeks» (Tu vida en semanas).

8

Construir un sistema de valores personales

«¿Por qué vale la pena vivir la vida? Esa es una excelente pregunta. Bueno, creo que hay ciertas cosas que hacen que valga la pena. ¿Como qué? De acuerdo, para mí, yo diría, Groucho Marx, por nombrar una cosa, y Willie Mays, y el segundo movimiento de la Sinfonía Júpiter, y la grabación de Louis Armstrong de Potato Head Blues, las películas suecas, naturalmente, La educación sentimental de Flaubert, Marlon Brando, Frank Sinatra, esas increíbles manzanas y peras de Cézanne, los cangrejos en Sam Wo's, la cara de Tracy».

Woody Allen, *Manhattan*

La significación —aquello que encuentras significativo y en torno a lo cual deseas organizar tu vida— es profundamente personal y muy subjetiva. Depende por completo de tu experiencia al moverte por este mundo con tu formación y antecedentes psicológicos, genéticos y sociales únicos. Las personas encuentran sentido a su vida de muchas maneras. Lo que tiene significado para una puede no tenerlo para otra. Para un fanático de los Packers, ver el partido del domingo con sus viejos amigos del instituto podría ser la definición misma de lo que hace que valga la pena vivir la vida, mientras que para el personaje de Woody Allen en la película *Manhattan*, es el segundo movimiento de la *Sinfonía Júpiter* y algunas otras opciones que encajan con un neoyorquino culto.

Ciertas áreas del bosque donde pasé la mayor parte de los veranos de mi infancia son casi sagradas para mí, pero para cualquier otra persona no son más que un conjunto de rocas, musgo y árboles. Negar esta riqueza de posibles fuentes de significado no sirve para nada, es mejor aceptar que cada uno tiene fuentes de significado peculiares que solo tienen sentido para nosotros debido a nuestra historia individual. Sin embargo, detrás de esta aparente riqueza, hay patrones discernibles en nuestra similitud.[122] Como criaturas de la evolución, los humanos hemos sido moldeados de ciertas maneras, lo que significa que algunas fuentes de significado nos resultan más fáciles que otras y tienen un atractivo casi universal. Basar nuestra búsqueda de significado en estas fuentes podría ser el camino hacia el significado más sólido disponible para nosotros, los seres humanos falibles.

DE LAS PREFERENCIAS ANIMALES A LOS VALORES HUMANOS

> *«Antes de que comenzara la vida, nada tenía valor. Pero entonces la vida surgió y comenzó a valorar, no porque admitiera algo, sino porque las criaturas que valoraban (ciertas cosas en particular) tendían a sobrevivir».*
>
> Sharon Street, *A Darwinian Dilemma for Realist Theories of Value*

Todos los animales, desde la criatura más simple hasta la más compleja biológicamente, prefieren ciertas experiencias a otras: el placer al dolor, la saciedad al hambre... Las diferentes especies tienen sistemas de preferen-

122. Esta distinción entre fuentes idiosincrásicas de significado y fuentes universales de significado se asemeja a la distinción de Calhoun entre razones para cualquiera y razones para mí. Véase *Cheshire Calhoun, Doing Valuable Time: The Present, the Future, and Meaningful* Living, Oxford University Press, Nueva York, 2018.

cias únicos basados en aquellas experiencias que se han demostrado esenciales para su supervivencia. Un antílope se siente atraído por el agua del abrevadero, pero huye inmediatamente al ver un león. Los humanos no somos una excepción. Nuestra propia humanidad ya tiene varias preferencias integradas que guían nuestro comportamiento para garantizar que obtengamos lo que necesitamos para sobrevivir. Compartimos muchos de estos instintos básicos con otros animales. Sin embargo, para comprender mejor lo que nos distingue, podemos fijarnos en el trabajo del filósofo John Dewey.

Considerado el padre de la psicología funcional y uno de los intelectuales públicos más importantes de Estados Unidos durante las primeras décadas del siglo xx, Dewey hizo una distinción influyente entre «valorar» y «evaluar».[123] Valorar, el acto de preferir una cosa a otra, es principalmente emocional y ocurre de forma natural. Todo animal participa de alguna forma de valoración. Los humanos, sin embargo, no nos conformamos con meras preferencias. También nos involucramos en la evaluación, mediante la cual estimamos y examinamos conscientemente nuestras preferencias, y emitimos juicios sobre qué valores son, de hecho, significativos para nosotros y dignos de valoración. De nuestros valores no queremos solo su existencia: queremos que estén justificados. Solo después de que un valor haya resistido una prueba rigurosa de escrutinio reflexivo se convierte en algo que respaldamos, ya sea individual o socialmente, y lo utilizamos como una escala métrica para medir la legitimidad de nuestras acciones y comportamientos. Los animales tienen preferencias instintivas y aprendidas, lo que podemos llamar protovalores. Solo los humanos tienen valores adecuados, entendidos como algo con lo que uno está conscientemente comprometido y que ha sido respaldado de manera reflexiva. Por lo tanto, los valores no existen fuera de la experiencia humana, sino dentro de ella, como las preferencias generales que voluntariamente tenemos en la más alta consideración.

---

123. John Dewey: *Theory of Valuation*, University of Chicago Press, Chicago, 1939.

Los valores humanos son como herramientas fiables.[124] Los utilizamos todos los días para guiar nuestras decisiones personales y para acatar mejor los códigos sociales y morales. Pero nuestro compromiso con los valores más sagrados suele ser tan firme que estamos dispuestos a basar nuestra vida en ellos; en casos extremos, incluso a morir por ellos. Son la columna vertebral de una existencia significativa. Una persona sin valores es como un animal, que sigue los instintos sin restricciones. Los valores elevan nuestra existencia por encima del mundo animal y más allá de su instinto de supervivencia. Como afirma memorablemente el personaje de la película Solomon Northup en *12 años de esclavitud*: «No quiero sobrevivir. Quiero vivir». La mera supervivencia no es suficiente para que valga la pena vivir una vida. Reconocer y cultivar valores con los que vale la pena comprometernos hace que podamos imbuir nuestras vidas de un fuerte sentido de significación.

Pero ¿cómo identificamos —cómo identificas tú, ahora mismo— los valores que dan a la vida su significado específico? En el pasado, las culturas solían prescribir sistemas de valores que todo el mundo debía, en teoría, acatar. Hoy, sin embargo, eres sorprendentemente libre de elegir tus propios valores. ¿Cómo se hace un uso correcto de esa libertad? ¿Cómo fortaleces tus valores y los comviertes en un respaldo rotundo de todo lo que eres?

LA TEORÍA DE LA AUTODETERMINACIÓN: DE LAS NECESIDADES FISIOLÓGICAS BÁSICAS A LAS NECESIDADES PSICOLÓGICAS BÁSICAS

La teoría de la autodeterminación, creada de forma conjunta por los profesores Edward Deci y Richard Ryan, se ha convertido en una de

124. Desarrollo más este tema en mi artículo, Frank Martela: «Moral Philosophers as Ethical Engineers: Limits of Moral Philosophy and a Pragmatist Alternative», *Metaphilosophy* 48, n.º 1–2, 2017, 58–78.

las teorías más investigadas empíricamente sobre las motivaciones y necesidades humanas, y ha sido respaldada por cientos de estudios. Se basa en la idea simple de que los seres humanos son seres intrínsecamente curiosos, automotivados y orientados al crecimiento que no solo responden de manera reactiva a los estímulos ambientales, sino que también autorregulan de forma activa sus vidas hacia el crecimiento y la integridad siguiendo sus motivos internos, metas y valores. [125] En una palabra, los seres humanos somos activos. Cuando nos orientamos en el mundo, no solo buscamos satisfacer nuestras necesidades físicas: comida, agua y refugio. De forma natural e intuitiva buscamos más en la vida: una oportunidad para expresarnos, crecer y utilizar nuestras habilidades, sentirnos conectados con los demás, entre otras cosas. Los humanos no nos conformamos con la mera supervivencia. Como criaturas activas, nos fijamos de manera natural tareas y metas. Buscamos desafíos para nosotros mismos y creamos soluciones innovadoras para superar nuestras limitaciones y, al mismo tiempo, nos guiamos por lo que Deci y Ryan definen como nuestras necesidades psicológicas básicas, es decir, los «nutrientes psicológicos innatos que son esenciales para el crecimiento psicológico continuo, la integridad y el bienestar». [126] Del mismo modo que una bellota necesita tierra, sol y agua para convertirse en un roble sano, los seres humanos necesitan ciertas experiencias para convertirse en individuos psicológicamente sanos.

La investigación sobre las necesidades psicológicas básicas tiene como objetivo identificar las experiencias que los seres humanos necesi-

125. Edward L. Deci y Richard M. Ryan: «The "What" and "Why" of Goal Pursuits: Human Needs and the Self-Determination of Behavior», *Psychological Inquiry* 11, n.º 4, 2000, 227–268; Richard M. Ryan y Edward L. Deci: *Self-Determination Theory: Basic Psychological Needs in Motivation, Development, and Wellness*, Guilford Press, Nueva York, 2017. Véase también mi breve introducción a la teoría de la autodeterminación en Frank Martela: «Self-Determination Theory», en *The Wiley-Blackwell Encyclopedia of Personality and Individual Differences: Vol. I. Models and Theories*, ed. Bernardo J. Carducci y C. S. Nave, John Wiley & Sons, Hoboken, N.J., en prensa.

126. Deci y Ryan: «The "What" and "Why" of Goal Pursuits», 229.

tan para sentirse bien y prosperar en la vida. Si tus necesidades psicológicas básicas se ven momentáneamente frustradas, te sientes mal y experimentas ansiedad. Cuando puedes satisfacer tus necesidades, sin embargo, no solo te sientes bien, sino que también contribuyes a tu integridad psicológica y a tu bienestar general. Al mismo tiempo, estas necesidades te ayudan a participar en actividades que fomentan el crecimiento en tu vida. Están orientadas al crecimiento en el sentido de que no están conectadas inmediatamente con tu supervivencia como lo están tus necesidades físicas. En cambio, participar en ellas desarrolla habilidades, recursos y conexiones sociales que puedes considerar valiosas en sí mismas, pero que a menudo también utilizarás cuando te enfrentes a desafíos más adelante en la vida. Por suerte, no solo es satisfactorio responder a tus necesidades orientadas al crecimiento, sino que también es algo que la mayoría de nosotros disfrutamos haciendo. Y aquí está el truco: construir tus valores fundamentales sobre estas necesidades humanas orientadas al crecimiento es la mejor receta para una vida muy significativa.

LAS NECESIDADES PSICOLÓGICAS BÁSICAS SOBRE LAS QUE CONSTRUIR TUS VALORES

La teoría de la autodeterminación reconoce tres necesidades psicológicas básicas: autonomía, competencia y afinidad.[127] Cuando se satisfacen estas tres necesidades, las personas experimentan más bienestar y motivación intrínseca y, de hecho, más significado en la vida.

La autonomía consiste en ser el autor de tu propia vida. Puedes tomar decisiones voluntarias para vivir de acuerdo con tus propias preferencias, participar en actividades que encuentres personalmente interesantes y que expresen quién eres, y perseguir metas que consideres dignas.

127. Deci y Ryan: «The "What" and "Why" of Goal Pursuits»; Ryan y Deci: *Self-Determination Theory*.

La competencia consiste en tener un sentido de dominio en tu vida. Confías en tus habilidades, te sientes hábil en las actividades que realizas y estás convencido de que lograrás tus objetivos. La competencia no tiene por qué ser estática: puedes experimentar la sensación de competencia mientras aprendes algo nuevo o perfeccionas aún más tus habilidades. La afinidad se refiere a la sensación de estar conectado con los demás, cuidarlos y también sentirte querido. Estas tres necesidades forman la tríada de necesidades psicológicas sobre las que pueden desarrollarse la autodeterminación, el bienestar y el sentido de significado de uno. Sin embargo, en lo que respecta a una vida significativa, creo que falta un componente importante en la ecuación.

> *«Solo conociendo el tipo de seres que realmente somos, con la compleja arquitectura mental y emocional que poseemos, puede alguien comenzar a preguntarse lo que contaría como una vida significativa».*
>
> JONATHAN HAIDT, *La hipótesis de la felicidad*

La benevolencia se define comúnmente como la «disposición para hacer el bien». Se trata del deseo de tener un impacto positivo en la vida de otras personas, en la sociedad o en el mundo en general.[128] Puede ser algo tan mundano como hacer sonreír a un vecino o tan transformador como rescatar a alguien de un edificio en llamas. Sea algo grande o pequeño, cuando sientes que tu vida y tus acciones marcan una diferencia positiva en el mundo, cuando sientes que importas, tu contribución es significativa. Si bien la investigación realizada por mí y por otros no ha confirmado la benevolencia como una necesidad

128. Frank Martela y Richard M. Ryan: «The Benefits of Benevolence: Basic Psychological Needs, Beneficence, and the Enhancement of Well-Being», *Journal of Personality* 84, n.º 6, 2016, 750–764.

psicológica *per se*,[129] se ha demostrado que contribuye de manera importante a nuestro sentido de bienestar y especialmente a nuestro sentido de significación.

En consecuencia, en lo que respecta a lo que hace que la vida tenga sentido, estoy dispuesto a apostar mi dinero por la autonomía, la competencia, la afinidad y la benevolencia.[130]

Como ser humano, tienes por tanto ciertas necesidades psicológicas innatas. Cuando eres capaz de satisfacer estas necesidades, obtienes una sensación profunda, casi visceral, de realización y satisfacción. El siguiente paso para experimentar más significado en tu vida es construir sobre esta base, adoptando estas necesidades —y su realización— como los valores centrales de la brújula de tu vida interior.[131] Por lo tanto, cada necesidad psicológica innata debe ir acompañada de un valor correspondiente respaldado de manera reflexiva, y perseguir estos valores es un camino hacia un sentido de significado en la vida. Así, la necesidad de autonomía, supone valorar la autenticidad y la autoexpresión; la necesidad de competencia, valorar el dominio y la excelencia; la necesidad de de afinidad, valorar la pertenencia; y la posible necesidad de benevolencia, valorar la contribución.

---

129. En particular, si bien la frustración de la benevolencia no parece conducir al malestar en el mismo sentido que lo hace la frustración de las tres necesidades establecidas, la satisfacción de la necesidad de benevolencia parece conducir al bienestar y a la significación de manera similar a las tres necesidades establecidas. En lugar de una necesidad psicológica básica, tal vez sea una especie de necesidad de mejora. Véase Martela y Ryan, 2019: «Distinguishing Between Basic Psychological Needs and Basic Wellness Enhancers: The Case of Beneficence as a Candidate Psychological Need». *Motivation and Emotion*, publicación *online*. 10.1007/511031-019-09800.

130. Véase especialmente Frank Martela, Richard M. Ryan y Michael F. Steger: «Meaningfulness as Satisfaction of Autonomy, Competence, Relatedness, and Beneficence: Comparing the Four Satisfactions and Positive Affect as Predictors of Meaning in Life», *Journal of Happiness Studies* 19, n.º 5, 2018, 1261–1282. El artículo también proporciona referencias clave a los estudios más importantes que he visto que han examinado estas cuatro como fuentes de significado. Véase también Frank Martela y Tapani J. J. Riekki: «Autonomy, Competence, Relatedness, and Beneficence: A Multicultural Comparison of the Four Pathways to Meaningful Work», *Frontiers in Psychology* 9, 2018, 1–14.

131. Un tratamiento más filosófico de esta sugerencia de construir valores centrales sobre necesidades básicas se puede encontrar en mi artículo F. Martela: «Four Reasonable, Self-Justifying Values–How to Identify Empirically Universal Values Compatible with Pragmatist Subjectivism», *Acta Philosophica Fennica*, 94, 2018, 101–128.

Al buscar orientación sobre cómo vivir una vida significativa, mi sugerencia es acompañar a este cuarteto. Tiene una fuerte atracción intuitiva y respaldarlo conduce a buenos resultados, tanto a nivel individual como social. Su arraigo en la naturaleza humana lo hace lo suficientemente robusto y autojustificativo como para proporcionar respuestas dignas a la cuestión del significado. También significa que está respaldado a través de fronteras culturales, religiosas, económicas y de otro tipo. [132] Al valorar lo que todos los seres humanos ya encuentran significativo de manera inherente, no solo puedes reclutar a quienes te rodean para que apoyen tu sistema de valores, sino que también tienes más posibilidades de encontrar puntos en común incluso entre personas de diferentes orígenes. No importa de dónde vengas ni a qué religión te suscribas, como tampoco importa ninguna otra particularidad o diferencia entre tú y tu vecino: nuestra naturaleza humana básica nos une y de ella puedes obtener el significado y el valor más fuerte de la vida. Además de ser valores intuitivos con los que vale la pena comprometerse, también son fáciles de poner en práctica.

132. El profesor israelí Shalom Schwartz probablemente ha realizado el trabajo más completo sobre valores humanos en todo el mundo, con numerosos estudios desde la década de 1990 hasta la actualidad en los que participaron personas de más de cien países diferentes. La autonomía, la competencia, la relación y la benevolencia encuentran valores de alguna manera correspondientes en su lista de valores universales compartidos por todas las culturas: autodirección, logro y benevolencia afectiva; y reconoce fácilmente que los «valores asociados con la autonomía, la relación y la competencia muestran un patrón universal de gran importancia y alto consenso». Ronald Fischer y Shalom Schwartz: «Whence Differences in Value Priorities? Individual, Cultural, or Artifactual Sources», *Journal of Cross-Cultural Psychology*, 42, n.º 7, 2011, 1127–1144. Existe un grado de disimilitud entre la definición de Schwartz de los valores relevantes y las necesidades básicas, que debe tenerse en cuenta al comparar sus valores y las necesidades de SDT. Pero sigo pensando que existe suficiente similitud conceptual para llegar a la conclusión que indica el propio Schwartz: que las necesidades probablemente tienen un atractivo casi universal. Schwartz señala que la benevolencia podría dividirse en dos subtipos: la fiabilidad, que se refiere a las relaciones con los amigos y a ser responsable con ellas, y el cuidado, que tiene que ver más con ayudar. Véase Shalom Schwartz, Jan Cieciuch, Michele Vecchione, Eldad Davidov, Ronald Fischer, Constanze Beierlein *et al.*: «Refining the Theory of Basic Individual Values», *Journal of Personality and Social Psychology*, 103, n.º 4, 2012, 663-688.

Obtienes lo que persigues

«Ten cuidado con lo que deseas, es posible que lo consigas».

PROVERBIO

Las personas pueden perseguir muchas metas y valores, pero las investigaciones han demostrado que perseguir metas que se ajustan a nuestras necesidades básicas es beneficioso para nuestra sensación de bienestar y significación, mientras que perseguir metas que no se ajustan a ellas puede, en algunas situaciones, conducir a un aumento del malestar. Por ejemplo, en un estudio realizado por Richard Ryan, Edward Deci y Christopher Niemiec en la Universidad de Rochester unos años antes de mi llegada se pedía a los estudiantes graduados que pensaran en perseguir ciertas metas en la vida.[133] Algunas metas se ajustaban bien a las necesidades básicas orientadas al crecimiento: el deseo de tener buenas relaciones con los demás, contribuir a la comunidad y desarrollarse más como persona. Otros objetivos eran de naturaleza más extrínseca, como la búsqueda de la riqueza, la fama o la buena apariencia. Un año después, se contactó a estos estudiantes y se les pidió que comparasen su estado actual con las metas que habían establecido. Al analizar los resultados, los investigadores observaron que, en primer lugar, obtienes lo que buscas. Ver ciertos objetivos como importantes tendía a conducir a un mayor progreso en el logro de esos objetivos. Las personas que valoraban mantener buenas relaciones consideraban que sus relaciones se habían profundizado. Las personas que valoraban la buena apariencia consideraban que su aparien-

133. Christopher P. Niemiec, Richard M. Ryan y Edward L. Deci: «The Path Taken: Consequences of Attaining Intrinsic and Extrinsic Aspirations in Post-College Life», *Journal of Research in Personality* 43, n.º 3, 2009, 291-306.

cia había mejorado. No hay nada sorprendente en eso: si valoras algo, tiendes a esforzarte para conseguirlo, y si te esfuerzas, también tiendes a progresar hacia ese objetivo. Pero los investigadores también observaron los efectos de la persecución de objetivos en el bienestar. Resultó que avanzar en metas que se ajustaban a las necesidades básicas aumentaba la sensación de bienestar de las personas.

Sin embargo, el progreso en el logro de objetivos extrínsecos no relacionados con estas necesidades no aumentó el bienestar; de hecho, incluso aumentó ligeramente sentimientos como la ansiedad y otras emociones negativas. Entonces, aunque los estudiantes que buscaban riqueza, fama y buena apariencia habían progresado en el logro de metas importantes para ellos, este progreso contribuyó a que se sintieran peor en lugar de mejorar su sentido de bienestar. Elegir tus metas sabiamente, las que se ajustan a las necesidades básicas de autonomía, competencia, afinidad y, en este caso, benevolencia, puede mejorar tu bienestar. Las metas que no se ajustan a estas necesidades básicas pueden hacerte sentir peor, incluso cuando las alcances.

Tercera parte:
Caminos hacia una vida más significativa

9
Invierte en tus relaciones

«La vida de uno tiene valor siempre que se atribuya valor a la vida de los demás, por medio del amor, la amistad, la indignación y la compasión».

Simone de Beauvoir, *La Vieillesse*

Un filósofo entra en un bar y un borracho le pregunta: «¿Cuál es el significado de la vida?». Ese filósofo soy yo y es una pregunta inevitable una vez que la gente descubre lo que hago. Me ha sucedido las suficientes veces como para tener unas líneas preparadas. Primero explico que no se trata del significado de la vida, sino del significado en la vida, antes de soltar la frase final. Y este tiene dos partes, la primera de las cuales es la siguiente: el significado en la vida consiste en hacerte significativo para otras personas. Es así de simple. Olvida el sentido de la vida. Tu vida se vuelve significativa para ti cuando eres significativo para otras personas: al ayudar a un amigo, por ejemplo, al compartir un momento especial con alguien a quien amas, o, mejor aún, al conectarte con un filósofo bien intencionado invitándolo a una muy necesaria cerveza.

Cuando sentimos que nuestras vidas son significativas para otras personas, podemos ver el valor en nuestras propias vidas. El universo puede estar en silencio, pero nuestros amigos y familiares, nuestros colegas y la comunidad llenan nuestras vidas con sus voces, energía y vitalidad. Y las personas para las que somos más significativos son las que más se preocupan por nosotros. Como ha argumentado el filósofo Antti Kauppinen, para quienes nos aman somos insustituibles: aunque cualquiera pueda comprar un regalo para un niño en particular, «no tendrá el mismo significado que un regalo hecho a mano por un padre».[134] En las relaciones cercanas, desempeñamos un papel único e insustituible para la otra persona, a menudo solo por el hecho de estar ahí.

Si algo sabemos sobre la naturaleza humana es que somos animales sociales. En «The Need to Belong», un influyente artículo de revisión publicado en *Psychological Bulletin* en 1995, los profesores Roy Baumeister y Mark Leary hicieron una afirmación que desde entonces se ha convertido en una tesis ampliamente aceptada, y aparentemente obvia, en psicología: «La necesidad de pertenecer es una motivación humana fundamental».[135] Evolucionamos para vivir en grupos y cuidarnos unos a otros; el instinto de construir relaciones sociales sólidas se encuentra muy arraigado en nuestra humanidad.

Nuestra naturaleza social, sin embargo, va más allá de preocuparnos por los demás: es parte de la naturaleza humana que el escenario de nuestra vida sea el nosotros, no el yo. Estar en una relación cercana ha sido descrito por los psicólogos como un estado de «incluir al otro en uno mismo».[136] De hecho, la investigación neurológica ha demostrado que pensar en uno mismo y pensar en un ser querido activa ciertas regiones del cerebro que no se activan cuando se piensa en un extraño.[137] El cerebro está diseñado para ser social, y los seres humanos están diseñados para vivir junto con los demás. Como ha explicado a la perfección el filósofo francés Maurice Merleau-Ponty: «Somos colaboradores unos de otros en una reciprocidad consumada. Nuestras perspectivas se fusionan y coexis-

---

134. Kauppinen: «Meaningfulness and Time», 364.

135. Roy Baumeister y Mark Leary: «The Need to Belong: Desire for Interpersonal Attachments as a Fundamental Human Motivation», *Psychological Bulletin*, 117, n.º 3, 1995, 497-529.

136. Arthur Aron, Elaine N. Aron, Michael Tudor y Greg Nelson: «Close Relationships as Including Other in the Self», *Journal of Personality and Social Psychology* 60, n.º 2, 1991, 241-253.

137. Yawei Cheng, Chenyi Chen, Ching Po Lin, Kun Hsien Chou, y Jean Decety: «Love Hurts: An fMRI Study», *Neuroimage* 51, n.º 2, 2010, 923-929.

timos a través de un mundo común».[138] Aunque nuestra cultura occidental e individualista nos ha acostumbrado a crear límites especialmente claros entre nosotros mismos y los demás, poder estar tan separados de los demás es un logro cultural, más que nuestra forma típica de ser. Nos preocupamos por el bienestar de las personas cercanas a nosotros casi tanto como nos preocupamos por nuestro propio bienestar. A veces, como en el caso de ser padres, es posible que nos preocupemos más por el bienestar de un hijo que por el nuestro. No importa hacia qué campo científico volvamos nuestra mirada —biología, investigación neurológica, investigación evolutiva, psicología social, economía del comportamiento, incluso investigación de primates—, siempre encontramos evidencia de nuestra necesidad de formar relaciones cercanas y afectivas con otros, y de cómo en estas relaciones el límite entre el yo y el otro comienza a aflojarse.

Existen muchas evidencias de que la relación es, de hecho, una fuente clave de significado para nosotros. Cuando el investigador Nathaniel Lambert de la Universidad Estatal de Florida pidió a un grupo de estudiantes universitarios que, en palabras del propio Lambert, «escogieran lo que hace que la vida sea más significativa para ti», dos tercios de los encuestados nombraron a un miembro de la familia en particular o citaron, más en general, a su familia.[139] La categoría «amigos» ocupó el segundo lugar como la fuente de significado mencionada con mayor frecuencia. El Pew Research Center obtuvo resultados similares cuando se pidió a cuatro mil estadounidenses que describieran con sus propias palabras lo que les daba un sentido de significado: el 69 % mencionó a la familia y el 19 % mencionó a los amigos.[140] Otra investigación ha demostrado de manera similar que sentirse cerca de la propia familia y amigos se asocia a un mayor

---

138. Maurice Merleau-Ponty: *Phenomenology of Perception*, trad. C. Smith, Routledge, Londres, 2002 [1945], 413.

139. Nathaniel Lambert, Tyler F. Stillman, Roy F. Baumeister, Frank D. Fincham, Joshua A. Hicks y Steven M. Graham: «Family as a Salient Source of Meaning in Young Adulthood», *The Journal of Positive Psychology* 5, n.º 5, 2010, 367-376.

140. Pew Research Center: «Where Americans Find Meaning in Life», 20 de noviembre, 2018, https://www.pewforum.org/2018/11/20/where-americans-find-meaning-in-life/.

sentido de significado en la vida, y pensar en las personas «a las que sientes que realmente perteneces» conduce a índices más altos de significación.[141] La familia, los amigos y otras relaciones cercanas son, para muchas personas, fuentes clave de significado en sus vidas. Lo contrario también se da: estar socialmente excluido conduce a sentimientos de falta de sentido. Por ejemplo, el investigador Tyler Stillman y sus colegas reclutaron a un grupo de estudiantes para participar en un estudio supuestamente sobre las primeras impresiones. Los 108 estudiantes se grabaron unos minutos en vídeo presentándose a sí mismos.[142] Luego, los investigadores supuestamente mostraron los vídeos a otros estudiantes y preguntaron si alguien quería conocer a los autores de los vídeos: nadie quería encontrarse con ellos. (En realidad, nadie vio los vídeos; los investigadores simplemente les dijeron a los creadores de los vídeos que habían sido rechazados). Los resultados del estudio no son sorprendentes: los creadores de vídeos calificaron sus vidas como menos significativas que los integrantes de otro grupo que no se sometió a esta experiencia de exclusión social.

Pero no necesitamos ninguna investigación para saber que los encuentros con otras personas son una fuente clave de significado. Como padre de tres niños pequeños (dos, cinco y siete años en el momento de escribir este libro), no tengo que mirar muy lejos para ver qué momentos de mi vida cotidiana son más significativos: volver a casa después del trabajo, ponerme al más pequeño en el regazo, jugar a luchas con el mediano y mantener conversaciones sorprendentemente interesantes, si no inteligentes, con el mayor. Momentos como estos son íntimos, cariñosos y están llenos de calidez, y de hecho son muy significativos. También lo son los momentos privados que comparto con mi pareja, cuando ningún niño

---

141. Lambert *et al.*: «Family as a Salient Source of Meaning»; Nathaniel M. Lambert, Tyler F. Stillman, Joshua A. Hicks, Shanmukh Kamble, Roy F. Baumeister y Frank D. Fincham: «To Belong Is to Matter: Sense of Belonging Enhances Meaning in Life», *Personality and Social Psychology Bulletin* 39, n.º 11, 2013, 1418-1427; Martela *et al.*: «Meaningfulness as Satisfaction of Autonomy, Competence, Relatedness, and Beneficence».

142. Tyler F. Stillman, Roy F. Baumeister, Nathaniel M. Lambert, A. Will Crescioni, C. Nathan DeWall y Frank D. Fincham: «Alone and Without Purpose: Life Loses Meaning Following Social Exclusion», *Journal of Experimental Social Psychology* 45, n.º 4, 2009, 686-694.

exige nuestra atención y podemos mirarnos a los ojos y recordar que, sí, esta es la persona de la que me enamoré hace tantos años. A riesgo de parecer un sentimental, la lista continúa: viejos amigos, colegas, mis padres, hermanos y familia en general, como estoy seguro de que también te pasa a ti.

En el mundo moderno, por suerte, también existen innumerables opciones para que las personas tengan relaciones y conexiones sólidas entre sí sin tener necesariamente la proximidad de la «familia». Un grupo de mis amigos, por ejemplo, que han decidido no tener hijos, viven en un colectivo con otras personas de ideas afines. Algunos chicos de mi equipo de fútbol, a su vez, se sentían tan comprometidos con nuestra comunidad deportiva que recientemente se hicieron tatuajes del logotipo de nuestro equipo. Algunos colegas míos se dedican a la actividad del vecindario y ofrecen voluntariamente su tiempo, pasión y recursos para hacer que su vecindario sea más activo y centrado en la comunidad. La belleza de la era moderna es que tenemos la libertad de elegir qué fuentes de significado conectan más con nuestras vidas. Por desgracia, como ocurre con gran parte de la modernidad, esto es una bendición y una maldición al mismo tiempo.

¿ESTAMOS EXPERIMENTANDO UNA EROSIÓN DE LA COMUNIDAD EN LOS PAÍSES OCCIDENTALES MODERNOS?

> *«Nadie puede vivir feliz si se mira solo a sí mismo y lo transforma todo en cuestión de su propia utilidad; debes vivir para tu prójimo, si quieres vivir para ti mismo».*
>
> SÉNECA, *Cartas*

Pude vislumbrar un estilo de vida olvidado en nuestro mundo moderno, agitado y urbanizado cuando pasé una semana en un pequeño pueblo de dos mil personas accesible solo por barco en la costa este de Nicaragua. El sentido de comunidad y el ritmo de vida más lento se hicieron visibles de inmediato. Me hice amigo de un lugareño en mi primera noche y paseé por el pueblo con él; parecía que una de cada cuatro personas que nos encontrábamos era su prima. Siempre nos deteníamos a charlar porque nadie parecía tener prisa. Para él, este pequeño pueblo representaba toda la vida: había nacido aquí; conocía a aquellas personas de toda la vida, y probablemente envejecería y moriría aquí también, enterrado en el mismo cementerio que sus padres y abuelos. Cuanto más tiempo pasaba en el pueblo, más sentía que esta era la forma de vida natural en lugar del estilo de vida agitado, urbano, aislado y orientado a proyectos del que yo procedía.

Por supuesto, la tentación aquí es convertir esta vida costera en un paraíso. Siendo observador casual y forastero, no podía ver con precisión los dramas diarios o las pruebas y obstáculos interpersonales que sin duda estaban presentes. Enfermar en la aldea, por ejemplo, podría convertirse rápidamente en una tragedia sin las instalaciones de atención médica a las que nos hemos acostumbrado en Occidente. Aun así, no pude evitar envidiar y maravillarme de sus fuertes lazos sociales. Los aldeanos estaban constantemente rodeados de personas que conocían desde hacía años; sus familias y mejores amigos estaban a poca distancia unos de otros, y casi todos los rostros que encontraban a lo largo el día les resultaban familiares.

Durante la mayor parte de la historia, los humanos han vivido de una manera que se parecía más a la de estos aldeanos que a la de los ciudadanos occidentales de hoy en día. Las tribus de cazadores-recolectores eran comunidades estrechas e íntimas. En las sociedades agrícolas, la gente tendía a quedarse en el mismo sitio y, por lo general, vivía en la misma comunidad desde la cuna hasta la tumba. Comparativamente, los occidentales de hoy están desarraigados y aislados. La familia extensa ha dado paso a la familia nuclear con parientes que a menudo viven a miles de kilómetros de distancia. Nuestros parientes «más cercanos» literalmente ya no están muy cerca de nosotros.

La historia de la comunidad y la modernización, sin embargo, no es solo una historia de declive. De hecho, el individualismo ha dado lugar a nuevas formas de comunidad que antes no estaban al alcance del agricultor o el cazador-recolector. Si bien es posible que hayamos perdido el arraigo y la proximidad que en otros tiempos caracterizaron a las comunidades, hemos ganado la libertad y la capacidad de unirnos a las comunidades en función de nuestros valores e intereses personales. Nacer en una comunidad en la que uno no encaja, por una razón u otra, podría haber llevado a una tragedia de por vida. Hoy en día, a menudo las cosas mejoran: uno puede unirse a varias comunidades que se adapten mejor a su propia cosmovisión e intereses. Una nueva escuela secundaria, universidad, trabajo o vecindario presenta a menudo oportunidades para que uno construya una identidad nueva a los ojos de los demás.

Las comunidades tradicionales también han sido con frecuencia bastante opresivas, imponiendo ciertas normas y visiones del mundo, e involucrando jerarquías rígidas en las que, por ejemplo, las mujeres han tenido un estatus inferior. Aunque algunos investigadores han hecho sonar la alarma sobre la erosión de la comunidad en Estados Unidos y en el mundo occidental —quizá el más famoso sea el profesor Robert Putnam, con su influyente libro *Bowling Alone*—, la comunidad de investigadores parece estar dividida en cuanto a si se ha producido o no una fuerte disminución en el sentido de comunidad en las últimas décadas.[143] De hecho, algunas investigaciones incluso sugieren que un mayor individualismo puede asociarse a un mayor capital social: cuanto más individualista es un estado en Estados Unidos, más propensa es su población a confiar en extraños, pertenecer a varios grupos y tener mayores niveles de capital social. Y lo mismo ocurre a nivel internacional: una comparación de cuarenta y dos países mostró, de manera similar, que los niveles más altos de individualismo se relacionaban con una mayor pertenencia a grupos y una mayor confianza en los extraños. Así, algunos investigadores como Jüri Allik y Anu Realo argumentan que «el individualismo es una condición previa para el crecimiento del capital social; la cooperación voluntaria y la

---

143. Robert D. Putnam: *Bowling Alone: The Collapse and Revival of American Community*, Simon & Schuster, Nueva York, 2001. Para una mayor profundización en el tema véase, por ejemplo, Claude S. Fischer: «Bowling Alone: What's the Score?», *Social Networks* 27, n.º 2, 2001, 155-167.

asociación entre individuos solo son posibles cuando las personas tienen autonomía, autocontrol y un sentido maduro de la responsabilidad».[144]

La relación de la modernización y el individualismo con nuestro sentido de comunidad y pertenencia es compleja. Algunas formas de comunidad pueden estar disminuyendo mientras que otras parecen estar aumentando. Es posible que hayamos perdido las comunidades cercanas de nuestros antepasados, pero hemos ganado la oportunidad de unirnos voluntariamente a comunidades en las que nuestra individualidad puede florecer con personas de ideas afines. Sin embargo, si queremos que nuestras vidas —y las de nuestros hijos y nietos— sean más significativas, debemos trabajar juntos para fortalecer las formas de comunidad que tenemos a nuestra disposición. El significado tiene que ver con conectarse.

A menudo, la mejor forma —y también la más fácil— de mejorar tu propia sensación de bienestar y significado es cambiar tu enfoque: concéntrate menos en ti mismo y más en estar conectado con los demás.

Una fórmula para una vida bien vivida

Unos años antes de que Sebastian Vettel se convirtiera en el campeón mundial de Fórmula 1 más joven de la historia —y luego en cuatro veces campeón, ícono mundial y multimillonario—, su médico, Aki Hintsa, le dio una hoja de papel y un sobre. La tarea: escribe los nombres de las personas más importantes en tu vida y explica por qué son importantes. Vettel hizo lo que se le pidió y selló el papel en un sobre. Hintsa le aconsejó que se aferrara a aquella hoja y le dijo: «Cuando llegue el éxito, muchas más personas querrán ser parte de tu vida. Revisa esta

---

144. Jüri Allik y Anu Realo: «Individualism-Collectivism and Social Capital», *Journal of Cross-Cultural Psychology* 35, n.º 1 (2004): 29–49, 34–35.

carta para ver quiénes son tus verdaderos amigos y recuerda mantenerte en contacto con ellos». [145]

El doctor Hintsa utilizaba este ejercicio con muchos de sus clientes: les pedía, a menudo, que hicieran una lista de las personas a las que llevarían en un viaje en barco de varios meses o a una isla remota. Piensa en ello tú mismo. ¿A quién te llevarías? ¿Puedes identificar a las personas que son realmente importantes para ti y con las que el mero hecho de estar juntos se convierte en una fuente de vitalidad y significado? Una vez que los hayas identificado, piensa en cuánto tiempo y energía les dedicas actualmente. Piensa, además, en tus interacciones con esas personas: ¿has sido auténtico y sincero con ellas, contigo mismo?

Entre los clientes de Hintsa había muchas personas exitosas, trabajadoras y de alto desempeño, quienes, resultó, a menudo sacrificaban y descuidaban las relaciones familiares y las amistades significativas por sus carreras. Un ejecutivo de negocios, por ejemplo, tenía la costumbre de llevar a su esposa e hijos de vacaciones de lujo a lugares exóticos. Allí, inscribía a los niños en varias actividades de aventura y enviaba a su esposa al *spa*. Con su familia despejada, dedicaba largas horas a trabajar fuera de la oficina. Si eso sucede de vez en cuando, no es gran cosa, pero si este comportamiento se convierte en algo habitual, como le sucedió a él, se vuelve problemático en términos del panorama general de su vida. Los niños quieren aventuras y los cónyuges pueden apreciar un buen día de *spa*, pero si tener estos lujos significa perder la cercanía familiar, ningunas vacaciones exóticas pueden remediar una relación parental o marital tensa. El consejo típico de Hintsa tanto para sus atletas como para sus clientes ejecutivos era el mismo: pasar tiempo con las personas que amas debe estar en la parte superior de tu lista de prioridades.

---

145. Escuché la historia por primera vez del amigo y colega de Hintsa, Juha Äkräs. También se cuenta en el libro de Aki Hintsa y Oskari Saari's: *The Core: Better Life, Better Performance*, trad. al inglés de D. Robinson, WSOY, Helsinki, 2015, 196-198.

Cuando la investigadora finlandesa Leena Valkonen entrevistó a once niños de trece años para su disertación sobre lo que deseaban de sus padres, uno de los deseos más mencionados fue el tiempo. Un niño de doce años escribió: «Los padres deben recordar que la familia es lo primero y el trabajo va después». Y este tiempo en familia no tiene por qué ser extraordinario. La mayoría de los niños quieren hacer cosas cotidianas con sus padres: cocinar, hablar, limpiar, escuchar música, jugar a la pelota, simplemente pasar el rato. Como dijo un niño, «Los padres deberían simplemente "estar" en casa».[146]

Volviendo al joven Sebastian Vettel, el piloto se tomó en serio la idea del ejercicio de Hintsa. Unos años más tarde, cuando se convirtió en el ícono global que es hoy, todos querían algo de él. Recordó el contenido del sobre y, a lo largo de los años, protegió cuidadosamente a su círculo íntimo, encontrando tiempo para sus familiares y amigos más cercanos en medio de la frenética atención de los medios y la fama. Todavía sigue con su amiga de la infancia Hanna Prater, con quien tiene dos hijos. Se ha dado cuenta de que no importa el nivel de éxito que logres, el secreto para una vida significativa y bien vivida es tener algunas personas buenas en tu vida en las que puedas confiar, cuidar y amar de verdad. Ya sea que estéis juntos en un estrecho velero durante muchos meses o en una isla remota o simplemente soportéis la rutina diaria de lo que significa ser humano, estas son por encima de todo las personas que deseas en tu rincón. Ellas hacen tu vida mejor y tú haces lo mismo por ellas. Si tienes suerte, tu nombre está escrito en un sobre que pertenece a alguien a quien amas.

---

146. Leena Valkonen: «What Is a Good Father or Good Mother Like? Fifth and Sixth Graders' Conceptions of Parenthood / Millainen on Hyvä Äiti Tai Isä? ViidesJa Kuudesluokkalaisten Lasten Vanhemmuuskäsitykset», University of Jyväskylä, Jyväskylä, 2006, 42. También citado en Hintsa y Saari, *The Core*.

10

Ayuda a los demás, ayúdate a ti mismo

«Por más egoísta que se pueda suponer el hombre, es evidente que en su naturaleza existen algunos principios que le hacen interesarse por la suerte de los demás y hacen que la felicidad de estos le resulte necesaria, aunque no derive de ella nada más que el placer de contemplarla».

ADAM SMITH, *Teoría de los sentimientos morales*

Es la víspera de Navidad de 1945, en la pequeña ciudad de Bedford Falls, Nueva York, y George Bailey está de pie en un puente, mirando las oscuras aguas que discurren por debajo, listo para suicidarse. Su negocio está en la ruina y sus sueños no se han cumplido. Está borracho y desesperado y no ve otra salida.

El clásico de Frank Capra *Qué bello es vivir* es una de las películas más queridas de todos los tiempos. Justo cuando George Bailey está a punto de saltar del puente, aparece un ángel llamado Clarence Odbody, salta al agua y George se ve obligado a salvarlo, olvidándose de su propio plan. Cuando George luego le dice: «Si no hubiera sido por mí, todos estarían mucho mejor», Clarence entra en acción para mostrarle a George cómo hubiera sido la vida sin su presencia firme y compasiva. George entra entonces en una realidad alternativa que lo horroriza: su hermano ha muerto, su tío está internado en un manicomio, su esposa está sola y todo el pueblo está en pésimas condiciones. George comprende rápidamente el impacto positivo que ha tenido en la vida de los demás habitantes de la ciudad, incluidos los miembros de su propia familia.

Gracias a él y a las muchas elecciones y sacrificios personales que ha hecho, muchas de las personas que lo rodean están mejor. Su deseo de suicidio es reemplazado por el deseo de regresar a casa y estar allí para las personas a las que cuida y que lo cuidan a él.

El significado en la vida consiste en hacerse significativo para otras personas, como he señalado anteriormente, pero hay al menos dos maneras de lograrlo. No solo somos significativos para aquellas personas con las que tenemos relaciones cercanas, sino que también lo somos para aquellas personas en cuyas vidas podemos influir de manera positiva. Esta es una segunda fuente crucial de significado en la vida. Cuando contribuyes al mundo, aunque sea en pequeñas cosas, esto tiende a aumentar el sentido de significado en tu propia vida.

Piensa en una persona que haya llevado una vida particularmente significativa: seguro que te vienen a la mente nombres como Martin Luther King Jr., Mahatma Gandhi, Nelson Mandela o la Madre Teresa. Lo que los une es el hecho de que sus acciones han tenido un impacto positivo en la vida de generaciones enteras de personas. Son sus contribuciones extraordinarias al mundo en general, a menudo con un sacrificio personal significativo, lo que nos hace verlos como modelos de vidas significativas. Tomemos a Nelson Mandela, quien, tras haber pasado veintisiete años de su vida en prisión, se convirtió en el líder del partido ANC en Sudáfrica después de un siglo de *apartheid* y opresión de los negros. Con su política de perdón y no violencia logró evitar que el país cayera en una guerra civil que seguramente hubiera significado la muerte y el sufrimiento profundo de decenas de miles de personas. El impacto de Mandela en la historia mundial fue tremendamente positivo y es una de las razones por las que su vida se presenta tan a menudo como el paradigma de una existencia significativa de verdad. Del mismo modo, cuando pensamos en profesiones particularmente significativas, bomberos, enfermeras y médicos suelen liderar el grupo. Una vez más, lo que une a estas profesiones es el hecho de que cada una de ellas contribuye de forma muy positiva a la vida de los demás. A menudo, cuando hablamos de la significación o la falta de significación de algo, en realidad estamos hablando de si esa cosa ha tenido o no un impacto positivo en otras personas y en el mundo en general.[147]

En consecuencia, no es sorprendente que cuando los investigadores piden a las personas que participen en actos que benefician a otras personas, la gente tienda a considerar esos actos significativos. Hace unos años, junto con el profesor Richard Ryan, decidí probar esta teoría.[148] Invitamos a los estudiantes de la Universidad de Rochester a participar en un sencillo juego de ordenador: los estudiantes leyeron una palabra en la parte superior de la pantalla y cuatro palabras en la parte inferior. Luego se les pidió que eligieran, de entre esas cuatro, la palabra que era sinónimo del término que habían leído en la parte superior de la pantalla. Después de jugar durante veinte minutos, les pedimos a los estudiantes que calificaran el significado que habían experimentado mientras jugaban. Si alguna vez has realizado tareas redundantes en tu trabajo, probablemente adivinas cómo se clasificó esta actividad en una escala de significación.

La mitad de los sujetos del estudio participaron en el juego según las instrucciones. Sin embargo, a la otra mitad se le dijo que por cada respuesta correcta se haría una pequeña donación al Programa Mundial de Alimentos de las Naciones Unidas para ayudar a las personas que pasan hambre en el mundo. Es decir, el mismo juego, pero con la oportunidad de hacer una contribución positiva.

Posteriormente, hubo una clara diferencia entre los dos grupos, y el grupo de contribución consideró que el juego era mucho más significativo que el grupo de control. Así pues, al parecer estamos dispuestos, y quizá incluso ansiosos, a pasar por alto el aburrimiento cuando las tareas

---

147. Frank Martela: «Meaningfulness as Contribution», *The Southern Journal of Philosophy* 55, n.º 2, 2017, 232-256.

148. Frank Martela y Richard M. Ryan: «Prosocial Behavior Increases Well-Being and Vitality Even Without Contact with the Beneficiary: Causal and Behavioral Evidence», *Motivation and Emotion* 40, n.º 3, 2016, 351-357.

más abrumadoras también pueden utilizarse como agentes para hacer el bien. Esta y otras investigaciones psicológicas [149] apuntan a una conclusión simple: para experimentar un significado en tu vida, debes buscar la forma de sentir que estás contribuyendo de forma significativa a la vida de los demás.

LA INVESTIGACIÓN MUESTRA QUE AYUDAR A OTROS PUEDE TENER UN IMPACTO SORPRENDENTE EN TU SALUD

«La compasión es fundamental para el bienestar humano, tanto para quienes la brindan como para quienes la reciben».

Mónica Worline y Jane Dutton, *Awakening Compassion at Work*

Ayudar a otros puede tener beneficios tangibles para tu propia vida, además de aumentar tu sentido de significación. [150] Un equipo de investigación de la Universidad de Columbia Británica dio dinero para gastos a un grupo de participantes mayores con la presión arterial alta. [151] Durante tres semanas consecutivas, a cada participante le dieron cuarenta dólares a la semana. Sin embargo, se pidió a la mitad de los participantes que gastaran el dinero en sí mismos; a la otra mitad se le pidió que lo gastara

149. Véase, por ejemplo, Blake A. Allan, Ryan D. Duffy y Brian Collisson: «Helping Others Increases Meaningful Work: Evidence from Three Experiments», *Journal of Counseling Psychology* 65, n.º 2, 2017, 155-165; Daryl R. Van Tongeren, Jeffrey D. Green, Don E. Davis, Joshua N. Hook y Timothy L. Hulsey: «Prosociality Enhances Meaning in Life», *The Journal of Positive Psychology* 11, n.º 3, 2016, 225-236.

150. Esta sección se basa en una publicación de blog que escribí y que fue publicada originalmente por *Scientific American Observations* titulada «Exercise, Eat Well, Help Others: Altruism's Surprisingly Strong Help Impact», 7 de setiembre, 2018, https://blogs.scientificamerican.com/observations/exercise-eat-well-help-others-altruisms-surprisingly-strong-health-impact/.

151. Ashley V. Whillans, Elizabeth W. Dunn, Gillian M. Sandstrom, Sally S. Dickerson y Kenneth M. Madden: «Is Spending Money on Others Good for Your Heart?», *Health Psychology* 35, n.º 6, 2016, 574-583.

en otras personas: comprar un regalo para un amigo, donarlo a una organización benéfica, etcétera. Antes y después de estas semanas de gasto, los investigadores midieron la presión arterial de ambos grupos. La presión arterial (tanto sistólica como diastólica) de los participantes que habían gastado el dinero en otras personas había disminuido significativamente en comparación con la de los participantes que habían gastado el dinero en sí mismos. Además, el descenso de la presión arterial fue similar al que se produce cuando se empieza un ejercicio de alta frecuencia o una dieta más saludable.

Así que ten cuidado con tu ayuda: puede tener beneficios insidiosos para tu salud. En el peor de los casos, ¡puede hacer que vivas más! En un estudio con 846 adultos mayores se comparó, durante un período de cinco años, recibir apoyo social y brindar apoyo social como indicadores de mortalidad. Si bien sería lógico pensar que recibir tal apoyo es bueno para uno mismo, los resultados mostraron que en realidad brindar apoyo social era más predictivo de la longevidad: aquellos que brindaban apoyo instrumental a amigos, familiares y vecinos, y aquellos que proporcionaban apoyo emocional a su cónyuge tenían más probabilidades de estar vivos al final del período de estudio en comparación con los participantes menos prosociales. [152] Estos resultados no variaron ni siquiera cuando los investigadores controlaron varios factores demográficos como la salud física, la salud mental, la personalidad y el estado civil.

Más de diez estudios han demostrado también que el trabajo voluntario regular augura la longevidad. [153] Ayudar a otra persona puede incluso amortiguar el efecto negativo que el estrés suele tener sobre la mortalidad: entre 800 participantes en Detroit, los eventos estresantes pronosticaron la mortalidad posterior entre aquellos que no habían pro-

---

152. Stephanie L. Brown, Randolph M. Nesse, Amiram D. Vinokur y Dylan M. Smith: «Providing Social Support May Be More Beneficial Than Receiving It: Results from a Prospective Study of Mortality», *Psychological Science* 14, n.º 4, 2003, 320-327.

153. Morris A. Okun, Ellen Wan Yeung y Stephanie L. Brown: «Volunteering by Older Adults and Risk of Mortality: A Meta-Analysis», *Psychology and Aging* 28, n.º 2, 2013, 564-577.

porcionado ayuda a otros durante el último año, pero no entre los que sí lo habían hecho. [154] Además, a menudo se asume que ser el cuidador de un ser querido enfermo es una carga para el cuidador. Sin embargo, si bien el estrés y la tristeza que suponen ver desaparecer al cónyuge son claramente una carga pesada, el cuidado activo puede tener un efecto positivo en la longevidad del cuidador. Un estudio nacional de más de tres mil ancianos casados concluyó que aquellos que dedicaban al menos catorce horas a la semana a brindar atención activa a su cónyuge en realidad vivían más tiempo, al controlar diversas variables demográficas y de salud. [155]

Y, como si la longevidad y una mejor salud no fueran suficientes, brindar apoyo a los demás también tiende a hacer más feliz al cuidador. La profesora Elizabeth Dunn de la Universidad de Columbia Británica ha demostrado que cuando a un grupo de personas se le dan cinco dólares para gastar en sí mismos y a otro grupo se le dan cinco dólares para gastar en otras personas, este último grupo muestra después una mayor felicidad. [156] Y esto se da no solo en su país de origen, Canadá, sino también en todo el mundo, desde Uganda hasta Sudáfrica y la India, como lo ha demostrado su colega Lara Aknin.[157] Aknin también llevó a cabo el estudio en una aldea rural y aislada de la Isla de Vanuatu en el Pacífico. [158] Incluso allí, la compra de bienes para otros generaba más

---

154. Michael J. Poulin, Stephanie L. Brown, Amanda J. Dillard y Dylan M. Smith: «Giving to Others and the Association Between Stress and Mortality», *American Journal of Public Health* 103, n.º 9, 2013, 1649-1655.

155. Stephanie L. Brown, Dylan M. Smith, Richard Schulz, Mohammed U. Kabeto, Peter A. Ubel, Michael Poulin, *et al.*: «Caregiving Behavior Is Associated with Decreased Mortality Risk», *Psychological Science* 20, n.º 4, 2009, 488-494.

156. Elizabeth W. Dunn, Lara B. Aknin y Michael I. Norton: «Spending Money on Others Promotes Happiness», *Science* 319, n.º 5870, 2008, 1687-1688.

157. Lara B. Aknin, Christopher P. Barrington-Leigh, Elizabeth W. Dunn, John F. Helliwell, Justine Burns, Robert Biswas-Diener, *et al.*: «Prosocial Spending and Well-Being: Cross-Cultural Evidence for a Psychological Universal», *Journal of Personality and Social Psychology* 104, n.º 4, 2013, 635-652.

158. Lara B. Aknin, Tanya Broesch, J. Kiley Hamlin y Julia W. Van de Vondervoort: «Prosocial Behavior Leads to Happiness in a Small-Scale Rural Society», *Journal of Experimental Psychology: General* 144, n.º 4, 2015, 788-795.

emociones positivas que la compra de bienes para uno mismo. Por lo tanto, parece haber algo enraizado en nuestra propia naturaleza humana que nos hace sentir bien cuando nos ayudamos unos a otros, y esto se aplica a todas las culturas. Varios estudios neurológicos han corroborado aún más el hecho de que las donaciones caritativas sí activan los centros de recompensa del cerebro.[159]

Por lo tanto, una dosis de buenas acciones hacia los demás no solo puede ser significativa, sino también una buena medicina para mejorar la salud y el bienestar físico y mental.

CÓMO CONTRIBUIR

«La compasión tiene un significado para todos nosotros. Nos enriquece y ennoblece, incluso a quienes no somos ni cuidadores ni receptores, porque nos muestra una visión de lo que puede ser una buena sociedad, nos proporciona ejemplos concretos de cuidado que podemos emular y nos ubica como miembros de esas redes difusas de las que está tejida nuestra sociedad».

ROBERT WUTHNOW, *Acts of Compassion*

Si es una fuente tan poderosa de bienestar, salud y significado en la vida, ¿cuál es la mejor manera de hacer una contribución? En primer lugar, es importante recordar que no tiene por qué ser una contribución grandiosa como la de Mandela para «salvar la nación». Como ha demostrado la investigación, incluso las pequeñas donaciones caritativas pueden afectar al sentido de significación de una persona. La mayoría de las contribuciones significativas que hacemos son pequeñas y mundanas, pero de todos modos

159. Jorge Moll, Frank Krueger, Roland Zahn, Matteo Pardini, Ricardo de Oliveira-Souza y Jordan Grafman: «Human Fronto–Mesolimbic Networks Guide Decisions About Charitable Donation», *Proceedings of the National Academy of Sciences* 103, n.º 42, 2006, 15623-15628.

imbuyen nuestra vida cotidiana de momentos significativos. Piensa en un momento en el que pudiste deleitar verdaderamente a una persona que amas o que te importa. Quizá preparaste una cena improvisada a la luz de las velas para tu cónyuge o ayudaste a un amigo cercano que estaba pasando por un problema personal.

Cuando trato ese tema, a menudo les pido a mis alumnos que realicen tres actos de bondad al azar antes de la siguiente clase. Sus «contribuciones» han sido tan variadas como ofrecer un vaso de zumo de naranja al cartero, pasar una tarde con un abuelo y ayudar a un turista a recorrer los recovecos de las calles del vecindario. Luego, en clase, hablamos sobre nuestras diversas contribuciones y sobre cómo nos sentimos al hacerlas: las historias siempre son inspiradoras y el ejercicio se ha convertido en un punto culminante del curso. No solo es edificante escuchar las maneras ingeniosas en que los estudiantes hicieron todo lo posible por otra persona, sino que también es conmovedor, ya que algunos de ellos afirmaron haber experimentado un vínculo profundo entre ellos y la persona (o personas) a las que ayudaron. Estos pequeños actos de bondad les alegraron el día, generando cálidos sentimientos de conexión y significado e ilustrando, de una manera muy real y directa, que cuando ayudamos a los demás también nos ayudamos a nosotros mismos.

Si estás buscando una manera más profunda de hacer una contribución en la vida, el trabajo suele ser la mejor opción. Aquellos que tenemos la suerte de estar en profesiones en las que podemos dedicar ocho o más horas al día a hacer algo que tenga un impacto claro y positivo, ya tenemos una fuente demostrativa de significado incorporada en nuestras vidas. A menudo, se trata simplemente de recordarse a uno mismo el buen impacto del propio trabajo. En un estudio, la profesora Amy Wrzesniewski de la Universidad de Yale pidió a los empleados de limpieza de un hospital que describieran cómo veían su trabajo.

Según los informes, una parte veía su trabajo como «simplemente de limpieza», mientras que otra «veían el trabajo y a ellos mismos como un factor crítico para la curación de los pacientes»,[160] ya que ayudaban a mantener los altos estándares de higiene del hospital. Exactamente el mismo trabajo, pero de dos formas diferentes de verlo: a veces solo se requiere una mayor conciencia para ver la contribución que hacemos en el trabajo.

Si el trabajo que realizas no implica una gran misión, puedes deleitarte con la recompensa de ayudar a un cliente o a un colega. Un colega me propuso recientemente que pensáramos todos los viernes en una persona de nuestra empresa a la que quisiéramos agradecer su labor, y que luego publicáramos nuestro agradecimiento en *Slack*, nuestro canal de comunicación interna. Ahora, todas esas pequeñas maneras de ayudarnos mutuamente durante la semana son visibles para todos. Es reconfortante leer esos mensajes de gratitud y ha ayudado a construir un sentido más fuerte de contribución y comunidad dentro de la empresa.

Fuera del trabajo, puedes encontrar tu camino hacia la contribución a través del voluntariado, de las donaciones benéficas, ayudando a tus amigos o familiares, participando de forma activa en el vecindario o apoyando causas políticas o campañas que te interesen mucho. Hagas lo que hagas, no tiene por qué ser complicado. Si las buscas, descubrirás que las oportunidades para hacer contribuciones abundan. Tomemos a los clientes del Soup Place en Melbourne, Australia, por ejemplo, que han adoptado la política de «cadena de favores», aportando regularmente 3,50 dólares adicionales que se destinan a comprar una ración adicional para una persona sin hogar. La práctica se ha vuelto tan popular que en el restaurante hay una pared entera cubierta de boletos de comida gratis para llevar.

---

160. Amy Wrzesniewski y Jane E. Dutton: «Crafting a Job: Revisioning Employees as Active Crafters of Their Work», *The Academy of Management Review* 26, n.º 2, 2001, 179-201, 191.

¿Cuándo es excesivo algo bueno?

Una pequeña advertencia: el exceso de algo bueno puede ser malo. Si nos concentramos únicamente en el bienestar de los demás, anteponiéndolos siempre, podemos correr el riesgo de ignorar nuestras propias necesidades. Hay demasiadas historias trágicas de personas que sacrifican su propia felicidad para servir a su familia o a alguna gran causa mundial. Ayudar es bueno, pero debe realizarse de manera estratégica y seleccionada por uno mismo, como enfatiza el profesor Adam Grant, experto en donación prosocial de la Universidad de Wharton: «Existe una gran diferencia entre complacer a las personas y ayudarlas».[161] Ayudar a quienquiera que te lo pida solo porque no te atreves a negarte, no tiene nada que ver con elegir estratégicamente ayudar a alguien a quien quieres ayudar de verdad. De hecho, una serie de experimentos han demostrado que, si bien la ayuda motivada de forma autónoma aumenta el bienestar del que ayuda, esto no ocurre cuando uno se siente coaccionado u obligado a beneficiar a otros.[162] Al aprender a decir que no, podemos concentrarnos en ayudar en el momento y lugar en que se aprovechan mejor nuestros intereses y talentos, de manera que podamos obtener el mayor impacto de nuestra inversión. Resístete a ayudar a todas las personas todo el tiempo. Ayuda solo a aquellas a quienes deseas ayudar y que se beneficiarán más de tu ayuda, no a aquellas que piden más.

Ningún hombre es una isla. Como seres sociales, los seres humanos englobamos tanto el deseo de cuidarnos a nosotros mismos como

---

161. Adam Grant: «8 Ways to Say No Without Ruining Your Reputation», *Huffington Post*, 12 de marzo, 2014. https://www.huffpost.com/entry/8-ways-to-say-no-without_b_4945289.

162. Netta Weinstein y Richard M. Ryan: «When Helping Helps: Autonomous Motivation for Prosocial Behavior and Its Influence on Well-Being for the Helper and Recipient», *Journal of Personality and Social Psychology* 98, n.º 2, 2010, 222-244.

a los demás.[163] Por eso, los extremos —solo ayudarse a uno mismo o solo ayudar a los demás— van en detrimento de nuestra sensación de bienestar. En ambos casos, parte de nuestra humanidad está asfixiada. Encontrar el equilibrio es la clave. Pero en nuestra era de individualismo e interés personal descarado, alcanzar ese equilibrio a menudo significa el compromiso de comenzar a buscar de forma consciente las mejores maneras de ayudar a quienes nos rodean.

---

163. Martela *et al.*: Meaningfulness as Satisfaction of Autonomy, Competence, Relatedness, and Beneficence»; Martela y Riekki: «Autonomy, Competence, Relatedness, and Beneficence».

11

Conviértete en quien eres

«Confía en ti mismo: cada corazón vibra con esa cuerda de hierro».

RALPH WALDO EMERSON,
Autosuficiencia: Confiar en uno mismo

Como la mayoría de los niños de su edad, mi hijo de casi tres años no camina. O se queda quieto, tenaz como un toro, o corre. Por todas partes. No hay término medio. Si percibe o siente que algo se le está imponiendo externamente, se niega de manera rotunda a participar en ello. Por otro lado, puedo decir cuándo se ha encendido algo para él internamente, cuándo la fuerza proviene de dentro, por así decirlo. Su alegría y entusiasmo son palpables y, en estos casos, correr sin medida parece ser su única opción. Con un niño pequeño, es fácil darte cuenta de si una actividad viene impuesta desde el exterior o motivada desde el interior. Y podemos ver aún más claramente cómo se siente el niño al respecto: la actividad impuesta desde el exterior suele ir acompañada de una cara de mal humor y lágrimas; la actividad motivada desde el interior suele ir acompañada de sonrisas y risas que pueden derretir corazones.

La grandeza de ser humano es que tenemos la libertad de realizar actividades que están respaldadas internamente, algo que sentimos que se origina en nosotros mismos. Nos tomamos de la mano. Amamos. Escribimos y hablamos. Creamos.

Cantamos, bailamos, reímos, corremos, trepamos y saltamos. Nos emocionamos y nos sumergimos en una actividad. A veces nos sentimos tan atraídos hacia una acción o modo de autoexpresión que apenas podemos esperar para comenzar. Tenemos la capacidad de expresarnos y realizarnos, de hacer lo que nos plazca. En una palabra, podemos comportarnos con autenticidad. La autenticidad consiste en sentir que el curso de nuestra vida es autodirigido y elegido por nosotros mismos. Y esto es de vital importancia para nuestro sentido de la vida. El significado tiene que ver con la conexión. Si bien en los dos capítulos anteriores se enfatizaba la importancia de conectarse con los demás, es igualmente importante conectarnos con nosotros mismos. De lo contrario, solo somos cáscaras vacías.

Hay una importante fuente de significado oculto en ser capaz de vivir de una manera elegida por uno mismo, haciendo actividades que uno ha seleccionado personalmente. El filósofo Richard Taylor habla de un «significado extraño», que utiliza para describir el hecho de ser capaz de realizar actividades en las que «residen los intereses de uno».[164] Esto, a su vez, satisface nuestra «compulsión interna de hacer exactamente aquello para lo que nos pusieron aquí». En este sentido, poder vivir con autenticidad es un valor intrínseco por derecho propio. De forma aún más enérgica, el filósofo Lawrence Becker proclama que «las vidas humanas autónomas tienen una dignidad que es inconmensurable, ilimitada, infinita, incalculable».[165] Incluso Tolstói reconoció el poder de la autoexpresión para guiar las actividades humanas cuando escribió: «En todo, en casi todo lo que he escrito, me guío por la necesidad de aunar ideas ligadas entre sí, para lograr la autoexpresión».[166]

La investigación psicológica confirma lo que los filósofos han propuesto sobre la importancia de la autenticidad para el sentido en la vida. Rebecca Schlegel y sus colegas de Texas A&M han demostrado que las

164. Richard Taylor: «The Meaning of Life», en *Life and Meaning: A Philosophical Reader*, ed. Oswald Hanfling, Blackwell, Oxford, 1988, 39-48.

165. Lawrence C. Becker: «Good Lives: Prolegomena», *Social Philosophy and Policy* 9, n.º 2, 1992, 15-37, 20.

166. Carta de Tolstoy a N. N. Strakhov, abril de 1876. Citada en George Gibian, ed.: *Anna Karenina. A Norton Critical Edition*, W. W. Norton & Company, Nueva York, 751.

distintas formas de autenticidad y autoexpresión están conectadas para experimentar un significado más firme en la vida. En un estudio, Schlegel pidió a un grupo de estudiantes que proporcionaran tantos detalles como fuera posible sobre su «verdadero yo», sobre «quién crees que eres realmente». [167] A otro grupo de estudiantes se le pidió que escribiera sobre su «yo cotidiano», definido por cómo se comportaban realmente en su vida diaria, mientras que a un tercer grupo de estudiantes se les pidió que escribieran sobre la librería del campus. Después del ejercicio de escritura, se pidió a los estudiantes que calificaran el significado en su vida.

Los investigadores estaban interesados en la cantidad de detalles que los participantes proporcionaron en sus diversos ensayos, asumiendo que cuanto más detallada fuera la descripción que se proporcionara sobre el verdadero yo, más probable era que uno estuviera auténticamente en contacto con ese sentido del yo. Como era de esperar, para aquellas personas que escribieron sobre su yo real y cotidiano o sobre la librería del campus, la cantidad de detalles no tenía ninguna conexión con su sentido en la vida. Sin embargo, cuando las personas escribían sobre su verdadero yo, cuanto más detallado era el ensayo, más sentido de la vida experimentaba, de promedio, la persona. Esta y otras investigaciones realizadas por Schlegel y otros demuestran que estar en contacto con el yo auténtico está relacionado con un sentido superior de significado en la vida. [168] Aquí, la investigación empírica de Schlegel respalda lo que grandes psicólogos humanistas como Carl Rogers y Abraham Maslow propusieron hace décadas, así como la teoría de la autodeterminación afirmada más recientemente: la autonomía es una necesidad humana fundamental y, por lo tanto, encontramos un valor intrínseco en la oportunidad de vivir nuestras vidas con autenticidad. Ser capaz de expresarse es parte de una

---

167. Rebecca J. Schlegel, Joshua A. Hicks, Laura A. King y Jamie Arndt: «Feeling Like You Know Who You Are: Perceived True Self-Knowledge and Meaning in Life», *Personality and Social Psychology Bulletin* 37, n.º 6, 2011, 745-756.

168. Véase, por ejemplo: Rebecca J. Schlegel, Joshua A. Hicks, Jamie Arndt y Laura A. King: «Thine Own Self: True Self-Concept Accessibility and Meaning in Life», *Journal of Personality and Social Psychology* 96, n.º 2, 2009, 473-490.

vida plena, y esa autorrealización puede hacer que sintamos nuestras vidas verdaderamente dignas de ser vividas.

Esta calidad de nuestra experiencia, el grado en que percibimos nuestras elecciones y acciones como autónomas y auténticas en lugar de controladas por presiones externas, tiene implicaciones importantes para el bienestar humano, el crecimiento y la integridad, como ha demostrado la investigación sobre la autodeterminación en cientos de artículos científicos que muestran la importancia de la autonomía en varios dominios de la vida: desde la educación y la crianza de los hijos hasta los deportes y el ejercicio físico, la pérdida de peso y dejar de fumar, el lugar de trabajo e incluso la higiene dental.[169] La conclusión general es que el sentido de autonomía es importante tanto para los resultados de comportamiento (las personas motivadas de forma autónoma tienen más probabilidades de alcanzar sus metas) como para los resultados de bienestar, como estar más satisfecho con la vida, experimentar sentimientos más positivos y sentirse más vital y con más energía.

Para comprender verdaderamente la autonomía, es fundamental darse cuenta de que no es lo mismo que el individualismo. La autonomía no solo es importante para el bienestar en los países occidentales, donde el individualismo se ha convertido en una norma cultural, sino también en países como China, Corea del Sur, Turquía, Rusia y Perú.[170] El individualismo enfatiza la separación humana y la asertividad, la no dependencia de los demás, y prioriza las preferencias y valores individuales sobre las preferencias y valores colectivos. La autonomía, por el contrario, consiste en sentir que es uno mismo quien escoge las propias acciones y elecciones, que no vienen controladas desde el exterior. Esto significa que uno puede

---

169. Véase Ryan y Deci: *SelfDetermination Theory*.

170. Por ejemplo, Valery Chirkov, Richard M. Ryan, R. M., Youngmee Kim y Ulas Kaplan: «Differentiating Autonomy from Individualism and Independence: A Self-Determination Theory Perspective on Internalization of Cultural Orientations and Well-Being», *Journal of Personality and Social Psychology* 84, n.º 1, 2003, 97-110; Beiwen Chen, Maarten Vansteenkiste, Wim Beyers, Liesbet Boone, Edward L. Deci, Jolene Van der Kaap-Deeder, *et al.*: «Basic Psychological Need Satisfaction, Need Frustration, and need Strength Across Four Cultures», *Motivation and Emotion* 39, n.º 2, 2015, 216-236.

respaldar de manera autónoma los valores colectivos. En otras palabras, puedo elegir de manera autónoma ayudarte; puedo elegir de manera autónoma priorizar el bienestar de mis propios hijos sobre mi propio bienestar. En consecuencia, el investigador Valery Chirkov demostró que, si bien los estudiantes de Rusia y Corea del Sur consideraban que sus culturas eran más colectivistas que los estudiantes de Estados Unidos, había diferencias entre los tres países acerca de la manera en que las personas respaldaban de manera autónoma estos valores culturales.[171] Según su investigación, algunos estudiantes estadounidenses percibían que el individualismo había ido demasiado lejos en su país, mientras que otros apoyaban plenamente ese mismo individualismo. Del mismo modo, algunos estudiantes surcoreanos habían interiorizado completamente los valores colectivos de su país y estaban comprometidos de manera autónoma con ellos, mientras que otros anhelaban valores más individualistas.

Y esto —la autonomía con que respaldaban los valores culturales de su propio país— pronosticaba el bienestar de los estudiantes en los tres países. Entonces, sea colectivista o individualista el país, el sentido de autonomía dentro de esa cultura es importante para el bienestar personal. Cuando somos capaces de mantenernos fieles a nosotros mismos y vivir de acuerdo con nuestros valores e intereses, entonces cobramos vida realmente. Como dicen Deci y Ryan: «las representaciones más completas de la humanidad muestran que las personas son curiosas, vitales y están automotivadas. En el mejor de los casos, son agenciales, inspiradas, y se esfuerzan por aprender; se extienden; dominan nuevas habilidades; y aplican sus talentos de manera responsable».[172] En esencia, nuestra humanidad se realiza mejor cuando somos capaces de llevar a cabo actividades seleccionadas por nosotros mismos y de vivir auténticamente en contacto con quienes somos de verdad y con lo que de verdad valoramos. Ser capaz de hacer eso hace que la vida valga la pena.

---

171. Chirkov *et al.*: «Differentiating Autonomy from Individualism and Independence».

172. Richard M. Ryan y Edward L. Deci: «Self-Determination Theory and the Facilitation of Intrinsic Motivation, Social Development, and Well-Being», *American Psychologist* 55, n.º 1, 2000, 68-78.

Atrévete a cuidar: cómo ser autónomamente altruista

¿Alguna vez has nadado en aguas heladas completamente vestido y sin chaleco salvavidas para rescatar a una mujer inconsciente a quien nunca antes habías visto? El bombero Jack Casey sí. En el transcurso de dos años, respondió como voluntario a más de quinientas llamadas de emergencia, poniendo en riesgo su propia seguridad personal para salvar a varias personas que habían sido víctimas de catástrofes. Además de ser miembro de la brigada de rescate local, pasaba tres horas a la semana impartiendo un curso de primeros auxilios de la Cruz Roja y guiaba a excursionistas en un programa al aire libre que había iniciado unos años antes. El sociólogo Robert Wuthnow, que entrevistó a Jack Casey para su libro *Acts of Compassion*, vio en él a un héroe estadounidense verdaderamente desinteresado que quería ser un cimiento de estabilidad y seguridad para los demás.[173] Al mismo tiempo, Jack se describía a sí mismo como una persona «a la que le gustaba ser relativamente independiente del resto de las personas». Se enorgullecía de ser un individualista rudo que hacía lo que quería, cuando quería, y de ser libre de tener sus propios pensamientos y no estar de acuerdo con los demás cuando era necesario. Para Jack y muchos otros, la libertad era un valor estadounidense fundamental.

Para Wuthnow, Jack representa lo que él llamó una paradoja estadounidense: es más autónomo e independiente que la persona media, pero también se preocupa más por los demás. ¿Es individualista o altruista? La respuesta es que es ambas cosas. De hecho, su autonomía e independencia de las normas sociales le permitieron a Jack Casey ser

173. Robert Wuthnow: *Acts of Compassion: Caring for Others and Helping Ourselves*, Princeton University Press, Princeton, NJ, 1991.

sensible a lo que él mismo quiere hacer en la vida. Y lo que quiere hacer es ayudar a los demás. No porque tenga que hacerlo, sino porque realmente quiere hacerlo.

¿Somos capaces de tomar decisiones independientes o somos tan débiles y dependientes de los demás que dejamos que otra persona dirija nuestras vidas? Esta es la cuestión del individualismo. ¿Nos preocupamos solo por nosotros mismos o realmente nos preocupamos también por los demás? Esta es la cuestión del altruismo. Pero hay una tercera pregunta: ¿puede una persona tomar decisiones independientes al mismo tiempo que reconoce que la solidaridad y generosidad propias van más allá de uno mismo y se extienden a otros miembros del tejido social? Esta es la esencia del relacionalismo, que es una especie de altruismo individualista. Así que, en este sentido, Jack Casey es claramente un relacionalista: toma sus propias decisiones y elige su propio rumbo en la vida, cosa que lo lleva a dedicar una cantidad significativa de su tiempo a ayudar a las personas que lo rodean.

Por lo tanto, es posible ser un altruista independiente, alguien que toma decisiones de vida que llevan a querer ayudar de manera autónoma a los necesitados. Mientras la elección sea suya, seguirá siendo independiente. Hoy en día, muchas personas reprimen sus instintos más altruistas para vivir a la altura de las normas egoístas de nuestro tiempo. Como animales sociales, forma parte de nuestra naturaleza preocuparnos por otras personas, pero las personas ignoran este instinto altruista que habita en su interior para encajar en la cultura que elogia las elecciones egoístas y las considera «racionales». En nuestra cultura, el egoísmo se equipara con demasiada facilidad a ser inteligente, mientras que a aquellos que ayudan a otros se les tilda de tontos. Debido a este sentimiento cultural, las personas no se atreven a ser desinteresadas porque temen que los demás se burlen de ellas si no las consideran capaces de velar por sus propios intereses. Se necesita valor para admitir que uno ha hecho algo por otra persona sin ningún interés personal en mente. Quizá, como era de esperar, se haya convertido en una paradoja moderna el hecho de que las personas de mentalidad independiente pueden tener una inclinación más altruista que las personas menos independientes. ¿Por qué? Porque las personas de mentalidad independiente también tienden a ser más autónomas y, como tales, pueden moverse fuera de las normas culturales. Y, al oponerse al sistema, a menudo se les da mejor expresar sus tendencias relacionales, altruistas y más orientadas al otro.

AUTONOMÍA EN SITUACIONES EXTREMADAMENTE RESTRINGIDAS

«Entre estímulo y respuesta hay un espacio. En ese espacio está nuestro poder para elegir nuestra respuesta. En nuestra respuesta radica nuestro crecimiento y nuestra libertad».

STEPHEN COVEY, *Primero lo primero*

Incluso en los entornos más restringidos, todavía tenemos una semilla de libertad a nuestro alcance: la libertad de elegir cómo interpretamos la situación y cómo reaccionamos. Sartre escribió que «una vez que la libertad enciende su faro en el corazón de un hombre, los dioses son impotentes contra él».[174] La vida tiene sus limitaciones. Un prisionero, por ejemplo, no puede salir de la cárcel. Pero incluso el prisionero puede elegir cómo reacciona ante su encarcelamiento. Después de haber pasado nueve meses como prisionero de guerra durante la Segunda Guerra Mundial, Sartre tuvo algunas experiencias personales que respaldaban su conclusión. Viktor Frankl expresó un sentimiento similar cuando escribió: «Los que vivíamos en campos de concentración podemos recordar a los hombres que caminaban por los barracones consolando a otros, regalando su últi-

174. Zeus le dice esto a Aegistheus en el Acto II de la obra de teatro de Sartre *Les Mouches*.

mo trozo de pan. Puede que hayan sido pocos en número, pero ofrecen pruebas suficientes de que a un hombre se le puede quitar todo menos una cosa: la última de las libertades humanas, elegir la propia actitud en cualquier conjunto de circunstancias, elegir el propio camino».[175]

La vida tiene sus limitaciones y, sin embargo, todavía tenemos la libertad de elegir cómo reaccionamos ante situaciones restrictivas. Si nuestra felicidad y nuestro sentido del significado dependen de circunstancias externas, entonces son necesariamente frágiles porque no podemos controlar el mundo externo. Los accidentes ocurren, las personas que amamos mueren y la tragedia, hasta cierto punto, forma parte de la vida. Sin embargo, sobre lo que sí tenemos cierto grado de control es sobre nuestra propia reacción al mundo exterior. Para Frankl, y para muchos otros, es lo que hacemos dentro del espacio de nuestra propia forma de reaccionar, las elecciones emocionales y psicológicas que tomamos, lo que ayuda a establecer el rumbo de nuestra propia liberación personal y nos da la esperanza y la resistencia necesarias durante los momentos de sufrimiento, tanto extremo como mundano.

Los antiguos estoicos veían la *apatheia*, literalmente traducida como «sin pasión», como un ideal clave de vida. Es un estado mental en el que una persona puede observar todo lo que sucede en la vida sin juzgarlo: dejar que suceda, contemplarlo, incluso reaccionar ante ello de una manera adecuada, pero sin sentirse abrumado por ello. *Apatheia* consiste en poder mantener una cierta distancia entre lo que sucede en el mundo y la forma en que uno reacciona ante él, para no permitir que se meta debajo de la piel. Cuando somos capaces de alcanzar tal paz mental, ninguna casualidad externa puede perturbar nuestra calma interior. Por supuesto, alcanzar este estado mental no es tarea fácil. Por eso los estoicos incluyeron un programa completo de varios ejercicios mediante los cuales una persona podía moldear lentamente la mente hacia la *apatheia*. Por lo tanto, es posible experimentar un cierto grado de libertad incluso en las situaciones más limitadas, pero llegar a ese grado de liberación de las circunstan-

---

175. Frankl: *Man's Search for Meaning*, 104.

cias externas requiere un estado mental que solo se logra mediante un trabajo significativo.

Es importante destacar que, si bien dar pasos hacia esa calma mental puede ayudar a las personas en diversas situaciones intolerables, no debemos malinterpretarlo y convertirlo en una excusa para no hacer que las sociedades apoyen más la autonomía. Si la investigación sobre la teoría de la autodeterminación nos ha enseñado algo, es que cuantas más escuelas, comunidades y lugares de trabajo apoyen la autonomía, por ejemplo, mejor podrán las personas realizarse a sí mismas y mejor será su sensación de bienestar.[176] Las personas no pueden prosperar en entornos donde están estrictamente controladas y obligadas a hacer cosas que no quieren hacer. Si una cultura en el lugar de trabajo es opresiva, la solución no es enseñar a los empleados técnicas de atención plena para ayudarlos a enfrentarse mejor a la opresión. La solución es rediseñar la organización para permitir más espacio a la libertad individual y la autoexpresión. Como sociedad y como ciudadanos, debemos esforzarnos por construir contextos, organizaciones y gobiernos que permitan al individuo experimentar autenticidad y autonomía en sus acciones, no solo en sus pensamientos.

---

176. Ryan y Deci: *Self-Determination Theory.*

12
Domina tu potencial

«En todo hombre hay una tendencia incontenible a desarrollarse de acuerdo a la magnitud que le ha dado la Naturaleza: para hablar, para llevar a cabo lo que la naturaleza ha puesto en él. Esto es apropiado, conveniente, inevitable; es más, es un deber, e incluso resume los deberes de un hombre. El sentido de la vida en la tierra podría ser definido como si consistiera en esto: desplegarse, trabajar en aquello para lo que tienes la facultad.»

THOMAS CARLYLE, *Sobre los héroes. El culto al héroe y lo heroico en la historia*

Existe una cierta belleza en la excelencia. Cualquiera que sea el campo —la danza moderna, el baloncesto, la oratoria política, la gastronomía o hacer malabares y resolver tres cubos de Rubik al mismo tiempo—, cuando algo se hace con excelencia observamos con asombro. No podemos evitar admirarlo. Habiendo jugado al futbol como aficionado durante toda mi vida, ver la maestría con la que jugadores como Lionel Messi, Cristiano Ronaldo o Marta Vieira da Silva mueven el balón me hace estallar en aplausos espontáneos. Cuando leo, a veces me detengo para apreciar una oración particularmente bien escrita. Si alguien es el mejor del mundo en algo, sea cual sea el campo, inmediatamente tenemos a esa persona en alta estima. Antes de la era global actual, ser el mejor a nivel local era suficiente para ganarse la admiración de las personas que te rodean. A los ochenta años, mi abuelo recordaba los nombres de los atletas que habían ganado los campeonatos del condado en su juventud.

¿Existe una virtud en la excelencia? Los antiguos griegos pensaban que sí. Para ellos, la excelencia era virtud. *Aretê*, la palabra griega para virtud, se usó en los poemas homéricos para describir la excelencia de cualquier tipo.[177] Un corredor rápido muestra la *aretê* de sus pies, un espadachín grande y fuerte muestra la *aretê* de su fuerza física. En estas antiguas sociedades heroicas descritas en las historias de Homero, o en las sagas islandesas o en los cuentos irlandeses de los héroes del Ulster, la obligación última del hombre era cumplir con los deberes de cualquier papel que la sociedad le hubiera prescrito. Todo lo que lo ayudara a cumplir su papel se consideraba virtuoso y lo que lo hacía fallar era un vicio. Al analizar la moralidad de estas sociedades heroicas, el filósofo Alasdair MacIntyre escribió: «Las virtudes son aquellas cualidades que sostienen a un hombre libre en su rol y que se manifiestan en aquellas acciones que su rol requiere».[178]

En otras palabras, para que un héroe cumpla con sus deberes, a veces necesita fuerza física y otras veces necesita astucia. La virtud se encontraba en poseer la excelencia requerida.

Hay un cierto significado inherente al dominio y la excelencia en sí mismos. Como dijo el filósofo John Rawls, «los seres humanos disfrutan del ejercicio de sus capacidades realizadas (sus habilidades innatas o entrenadas), y este disfrute aumenta cuanto más se realiza la capacidad, o cuanto mayor es su complejidad».[179] Ser capaz de sobresalir en algo es valioso como tal: obtenemos un sentido de significación al tener actividades en nuestras vidas en las que podemos experimentar competencia, dominio y destreza. ¿De qué otra manera podemos explicar el hecho de que los humanos dediquen enormes cantidades de horas de trabajo a dominar

177. Véase el capítulo 10 en MacIntyre: *Tras la virtud.*

178. MacIntyre: *After Virtue*, 122 (*Tras la virtud*)

179. Rawls llamó a esto el principio aristotélico. John Rawls: *A Theory of Justice*, rev. ed. Harvard University Press, Cambridge, MA, 2003.

una habilidad que no tiene sentido más allá de la cosa en sí misma? Por supuesto, existen campos más establecidos, como los deportes profesionales o las artes, en los que se invierten miles de millones de euros porque no parece que nos cansemos de ver a la gente sobresalir, ya sea en la competición, el desempeño o el arte. Pero cuando pensamos en las diversas trivialidades en las que se especializa la gente (mover un *hula-hoop* mientras se practica esquí acuático, el *air guitar playing*, jugar al ajedrez en un cuadrilátero con los guantes de boxeo puestos y combinarlo con el propio combate de boxeo, o perfeccionar el arte de la preparación del café),[180] aquí está la pura verdad: las personas disfrutan de la excelencia —y obtienen significado de ella— en casi cualquier cosa.

La competencia, como sugiere la teoría de la autodeterminación, es una necesidad psicológica básica. Como criaturas de la evolución, nos conviene desarrollar una amplia gama de habilidades porque nunca sabemos cuál podría salvarnos la vida. Si nada representa una amenaza directa, el mejor uso de nuestro tiempo podría ser desarrollar o perfeccionar algunas habilidades que podrían resultarnos útiles más adelante. La inactividad es peor estrategia de supervivencia que la adquisición de habilidades. En consecuencia, la evolución nos ha dotado de una gran motivación para buscar oportunidades que nos permitan aprender nuevas habilidades y obtener satisfacción cuando sentimos que estamos mejorando en alguna actividad. El aprendizaje y el crecimiento personal son grandes fuentes de satisfacción y compromiso y nos hacen sentir que nuestra vida progresa. Y cuando somos capaces de sumergirnos en una actividad que dominamos, a veces nos quedamos tan absortos en ella que parece que nos olvidamos por completo del mundo exterior. El psicólogo Mihaly Csikszentmihalyi acuñó el término «fluir» para describir esta profunda sensación de absorción en la que los atletas o artistas se encuentran a veces cuando se concentran en un proyecto lo suficientemente desafiante.[181] En este estado de

---

180. Las personas son increíbles: un canal de YouTube cuenta con unos cinco mil millones de visitas, con vídeos en los que «la gente común hace cosas extraordinarias».

181. Mihaly Csikszentmihalyi: *Fluir (Flow): Una psicología de la felicidad*, Editorial Kairós , Barcelona, 2009.

absorción, uno se concentra en la tarea en cuestión con toda su atención y energía, moviéndose sin esfuerzo para atenderlo, con la mente consciente e inconsciente en armonía. Csikszentmihalyi vio esto como una especie de estado óptimo de experiencia interior y se dio cuenta de que la experiencia en sí era tan agradable que «las personas lo harán incluso a un precio muy alto, por el mero hecho de hacerlo».[182] Las personas buscan desafíos en los que puedan utilizar sus habilidades, no solo para lograr algo después, sino porque, en momentos de total absorción, a menudo se sienten más vivas. De hecho, en una encuesta realizada a cuatro mil estadounidenses, unos cuatrocientos de ellos mencionaron espontáneamente las «luchas de la vida» como una fuente de significado.[183] En consecuencia, veo que el dominio y los desafíos pueden proporcionarle a uno una fuente importante de significado en la vida.[184]

Una vez más, es importante darse cuenta de que el dominio como fuente de significado no tiene por qué derivarse de algo extraordinario.

Escalar el Everest o navegar solo alrededor del mundo seguramente proporciona una fuerte sensación de dominio; al menos son esfuerzos admirables y son un gran tema de conversación en los cócteles. Sin embargo, el dominio se puede sentir en nuestra vida diaria. Experimento una sensación de dominio cuando juego a la pelota con mis hijos, sin importar que tengan la mitad de mi tamaño, o cuando puedo subir las pocas colinas empinadas que me encuentro en mi salida diaria en bicicleta. Siento una leve explosión de logro y maestría cuando, a través de mis habilidades perfeccionadas gracias al Tetris, puedo colocar el último plato en el lavavajillas. Incluso limpiar la casa puede ser una fuente de dominio y disfrute para algunos (o eso he oído). Pueden parecer momentos pequeños y

---

182. Mihaly Csikszentmihalyi: *Fluir (Flow): Una psicología de la felicidad*, Kairós, Barcelona, 2009.

183. Pew Research Center: «Where Americans Find Meaning in Life».

184. Cabe señalar que, en comparación con las otras tres fuentes analizadas, la competencia ha recibido menos atención en la investigación directa. Por lo tanto, los estudios experimentales que establecen su papel como fuente clave de significado en la vida son todavía algo que debe hacerse. Mi argumento de que es importante para la significación es, por tanto, principalmente teórico, aunque véase Martela *et al.*: «Meaningfulness as Satisfaction of Autonomy, Competence, Relatedness, and Beneficence».

mundanos, pero tanto de los grandes y pequeños logros como de los momentos de dominio se deriva el sentido de significación en nuestra vida cotidiana.

Por supuesto, además de poder saborear estos momentos mundanos de dominio, también es genial buscar activamente oportunidades para desarrollar habilidades en áreas donde podemos alcanzar un sentido de dominio aún más fuerte. En el trabajo, por ejemplo, tiene sentido ser consciente de las habilidades necesarias para avanzar hacia roles más desafiantes y establecer formas sistemáticas de entrenar y perfeccionar ese conjunto de capacidades específicas. Y fuera del trabajo, asegúrate de tener algunos pasatiempos agradables en los que sientas que puedes experimentar una sensación de dominio o aprendizaje.

AUTORREALIZACIÓN MEDIANTE MAESTRÍA E INTERÉS

Cuando nos implicamos en una actividad y sentimos una profunda sensación de dominio e interés en ella, la actividad se convierte en una fuente de autorrealización. ¿A qué me refiero cuando hablo de autorrealización? Hoy en día, el término se difunde y se ha utilizado para describirlo todo, desde la conciencia yóguica hasta los sistemas de creencias de la *New Age*.

Yo, sin embargo, veo la autorrealización como algo más simple y mundano: la autorrealización consiste en la satisfacción simultánea de dos necesidades, autonomía y competencia. Si puedes encontrar una actividad que te gustaría hacer y también te sientes competente y capaz de poder realizarla, experimentarás una sensación de realización personal, o autorrealización, en tu búsqueda. Si falta una cosa o la otra, no experimentas esa sensación de autorrealización. Por ejemplo, no importa lo emocionado que te sientas por una actividad en particular, si sientes que no logras nada al hacerla o te sientes estancado, percibirás cada vez menos entusiasmo al hacerla. Cuando esto sucede, y parece que no se produce ningún aprendizaje o crecimiento, es casi imposible mantener la motivación y, por lo general, te lleva a la conclusión de que tal vez esta actividad en particular no sea la adecuada para ti. Pero lo contrario también es cierto: no importa cómo te desempeñes en una actividad, si no estás comprometido con ella, no sientes satisfacción personal, ni la ves como un camino hacia la autorrealización. El talento puede convertirse rápidamente en una trampa si se encuentra en un área que te despierta poco interés. Afortunadamente, también puedes identificar actividades que te parezcan interesantes y que te motiven de manera autónoma, pero en las que también puedas demostrar cierto grado de dominio, sobre todo si estás dispuesto a dedicar horas a la práctica. Cuando el interés y el dominio se encuentran en una actividad, se produce una sensación de autorrealización.

CONECTAR CON LOS DEMÁS Y CONTIGO MISMO: DOS CAMINOS HACIA UNA VIDA MÁS SIGNIFICATIVA

Puede haber muchos caminos hacia una vida más significativa. Pero veo que, en general, los dos caminos clave para una vida significativa incluyen la conexión contigo mismo y con los demás. Te conectas contigo mismo a través de la autenticidad y el dominio, y te conectas con otras personas a través de relaciones cercanas y haciendo contribuciones positivas. Conectarte consigo mismo conduce a la realización personal. Se trata de autenticidad, de poder tomar decisiones autónomas para perseguir tus intereses y de expresar quién eres realmente en palabras y acciones. En lugar de ajustarte a las expectativas externas, puedes ser fiel a ti mismo. También se trata de dominar el hecho de que aprendas más sobre ti mismo y, en todos los aspectos del crecimiento personal, puedas aplicar tu nuevo conocimiento, tus habilidades y tus fortalezas a la vida cotidiana.

> *«Se puede vivir magníficamente en este mundo, si se sabe trabajar y amar, trabajar para la persona que se ama y amar el trabajo».*
>
> LEV TOLSTÓI, *Letter to Valerya*, 1856

Conectarse con los demás tiene que ver con la realización social. Se lleva a cabo conectando con las personas que te importan, estableciendo buenas relaciones y siendo capaz de pasar tiempo con las personas que amas. Pero también se trata de sentir que tu vida contribuye positivamente a la vida de otras personas y que eres capaz de marcar una diferencia, por pequeña que sea. Lo he dicho antes y lo diré de nuevo: a través de la conexión y la contribución, haces que tu vida sea significativa al ser significativa para los demás. Este pequeño consejo, sin embargo, solo cubre el lado de la realización social de una vida significativa. Para incorporar aún más la idea de realización personal, tuve que modificar mi frase. Un filósofo entra en un bar y se le pide que destile el significado de la vida en una frase. Hoy en día, mi respuesta es la siguiente: el sentido en la vida consiste en hacer cosas significativas para ti mismo (realización personal) de una manera que te haga significativo para otras personas (realización social).

La manera en que se construyen estas dos vías clave depende, por supuesto, de ti: depende totalmente de tus intereses personales, valores, habilidades y situación en la vida. Solo tú puedes esforzarte para conectar los puntos —autonomía, competencia, relaciones y benevolencia— con las particularidades y posibilidades de tu propia vida. Tu amigo compasivo y de mentalidad política podría usar su talento de oratoria (autorrealización) para luchar por una causa cercana a su corazón (conexión con los demás). Tu colega con talento musical podría tocar la guitarra en una banda de garaje (autorrealización) y deleitarse en la alegría de tocar con sus compañeros de banda (conexión con los demás). El encargado de la limpieza de un hospital puede disfrutar de los resultados concretos (autorrealización) que mantienen la higiene de la habitación de cada paciente (conexión con los demás). Para muchos de nosotros, la paternidad es un canal tanto para la autoexpresión como para la contribución, y lo mismo se aplica a los pasatiempos y el trabajo voluntario de muchas personas. Por supuesto, a veces un aspecto de tu vida puede satisfacer una necesidad, mientras que otros pueden satisfacer otra. Tener un trabajo muy interesante pero solitario se puede compensar invirtiendo en relaciones durante el tiempo libre. Pero no importa dónde te encuentres en la vida, es beneficioso pensar en cómo puedes expresarte y contribuir al mundo en general.

UN MOMENTO PERFECTAMENTE SIGNIFICATIVO

No hace mucho se produjo un momento particularmente significativo en mi vida: mi hijo de cinco años y yo hicimos nuestro primer viaje en bicicleta juntos a una cafetería que está junto al mar, a pocos kilómetros de nuestra casa. Puedo recordar, como si hubiera sucedido hoy, cada detalle del momento que pasamos juntos: yo bebiendo una taza de café, él bebiendo tranquilamente su zumo; la luz del sol que fluía; el leve olor a mar... Se podría decir que experimenté simultáneamente el pasado, el presente y el futuro en los momentos entre mis sorbos de café mientras retrocedía en el tiempo y recordaba los primeros pasos de mi hijo cuando era un bebé, mientras también disfrutaba de la tranquila relajación después de nuestro paseo en bicicleta y proyectaba mi mente hacia el futuro, imaginando los siguientes paseos en bicicleta, cafés y momentos tranquilos que él y yo aún teníamos que compartir, ahora que él ya era lo suficientemente mayor como para montar en su propia bicicleta. Mi estado fue de puro deleite y surgió de la significación del momento.

Verdaderamente a gusto conmigo mismo, cedí al momento por completo y mi hijo, tal vez agraciado con el tipo de inocencia libre de preocupaciones que a menudo acompaña a la infancia, también lo hizo. Compartimos mutuamente el espacio entre nosotros, y fue un momento de un profundo sentido de pertenencia, un momento de amor.

En ese momento, todos los elementos clave de la significación estaban presentes: poder ir en bicicleta, sentir el placer de expresarme haciendo algo que siempre me ha gustado hacer. Al mismo tiempo, compartí y disfruté del nuevo sentido de dominio de mi hijo tanto como él. A través de estas experiencias de autoexpresión y de dominio compartido, me sentí conectado conmigo y con mi hijo, lo que resultó en un profundo sentido de pertenencia. También me sentí orgulloso y feliz como padre de haber podido ofrecer aquella aventura a mi hijo y me deleité con la alegría y la emoción que despertó en él nuestro viaje, lo que realzó mi sentimiento de contribución. Pasado, presente y futuro. Autoexpresión, dominio, pertenencia y contribución. ¿Qué más se puede pedir en cuanto al sentido en la vida?

Mi historia, por supuesto, no es excepcional. Estoy seguro de que has experimentado algo similar en tu propia vida con tus seres queridos, o con alguien que has conocido recientemente. Un momento como el mío es un destello de existencia en que, por alguna razón, todo se alinea: todos los elementos de la significación están aparentemente sincronizados entre sí y estás inmerso en tu vida por completo. Es un momento en el que el hecho de conectarte con los demás y conectarte contigo mismo se fusionan. Es realización personal y social. Es el significado en su forma más esencial.

La significación no es algo remoto o raro. Es una experiencia que existe en muchos de nuestros momentos cotidianos de manera más fuerte o más débil. Emily Esfahani Smith, autora de *The Power of Meaning*, sostiene que el significado «no es una gran revelación. Es hacer una pausa para saludar a un vendedor de periódicos y acercarse a alguien en el trabajo que parece deprimido. Es ayudar a las personas a ponerse en mejor forma y ser un buen padre o mentor de un niño».[185] Estos son pequeños momentos de realización social, momentos que pueden tener lugar cuando bailamos como si nadie nos estuviera mirando o cuando nos sumergimos en un libro en nuestro viaje diario al trabajo. Son momentos importantes aquí y ahora, pero si somos capaces de conectarlos de alguna manera con nuestro pasado, con algo que hiciste con tu abuela cuando eras niño, por ejemplo, o con una meta valiosa que tenemos en el futuro, eso puede mejorar aún más el significado de esos momentos. No importa dónde te encuentres en la vida, es importante estar conectado contigo mismo y con

---

185. Emily Esfahani Smith: *The Power of Meaning: Crafting a Life That Matters*, Rider, Londres, 2017, 229-230.

esas personas, valores e intereses que hacen que tu vida tenga sentido, como aprendió Tolstói durante uno de los momentos más tristes de su vida.

Al sufrir una profunda y debilitante crisis existencial, Tolstói escarbó profundamente en su interior y decidió aclarar lo que de verdad le importaba en su vida. Salió de su bajón depresivo con lo que llamó las últimas «dos gotas de miel» que lo mantuvieron anclado a este mundo: el «amor a la familia» y el «amor a la escritura». [186] En otras palabras: conectar con los demás y conectar con uno mismo. ¿Cuáles son tus dos gotas?

Arréglatelas con lo que tienes

Lo grande que sea tu sentido de significación depende en última instancia de ti. Tú estableces tus estándares sobre la autenticidad, dominio, pertenencia y contribución que necesitas para poder experimentar tu vida como significativa. Para la mayoría, es suficiente con experimentar un nivel diario de contribución para percibir una sensación de impacto positivo. No todos podemos ser Nelson Mandela o Martin Luther King Jr., y esto es precisamente lo que los diferencia del resto de nosotros. Una vez hice una investigación basada en la observación en una residencia de ancianos, y una escena de uno de esos días me impactó: dos residentes muy mayores se habían hecho cargo del trabajo de doblar la ropa diaria del personal de enfermería. Las mujeres abordaban su tarea con concentración, compromiso y un sentido de importancia. Al ser residentes, tenían pocas oportunidades de contribuir, pero aquella era una oportunidad de devolver algo y aliviar un poco el trabajo de las enfermeras que tanto les ayudaban. Doblar la ropa no es una tarea

---

186. Tolstói: «My Confession», en *The Meaning of Life*, 14.

difícil en sí misma, y está bastante lejos de los logros de Mandela. Sin embargo, dadas las circunstancias de sus vidas, era la oportunidad perfecta para satisfacer sus necesidades de contribuir. Al hacerse significativas para las enfermeras, podían realzar el significado de sus propias vidas.

Por lo tanto, establece los estándares de significado que sean apropiados para tu vida y tus circunstancias. Si tienes la suerte de tener la oportunidad de hacer grandes contribuciones, construir relaciones profundas o alcanzar un nivel de maestría de clase mundial en algo que percibes como tu camino hacia la autoexpresión, entonces establece por todos los medios grandes metas que te exijan superarte a ti mismo y lograr lo imposible. Si tienes una gran cantidad de recursos, ya sean financieros, sociales, intelectuales o de otro tipo, aprovéchalos al máximo y devuelve al menos tanto como recibes. Sin embargo, si te encuentras en una situación más difícil, arréglatelas con lo que tienes y trata de lograr algo factible, sea cual sea el significado posible en tu situación. La significación consiste tanto en saborear como en alcanzar. Ser capaz de reconocer las pequeñas fuentes de significado que ya están presentes en la vida y las pequeñas maneras en que se pueden mejorar aún más las relaciones y el sentido de contribución, dominio y autoexpresión, ya es suficiente para que la mayoría de nosotros sintamos que nuestra vida vale la pena.

VIVE TU VIDA NO COMO UN PROYECTO SINO COMO UNA HISTORIA

Una últimas palabras de advertencia. No permitas que el proyecto de hacer que tu vida sea significativa se interponga en el camino de experimentar tu vida como significativa. La cultura occidental moderna nos ha adoctrinado para enfocar nuestras vidas como proyectos. Se te enseña a establecer metas, hacer planes, apuntar alto y priorizar tus esfuerzos, todo en nombre de lograr el resultado máximo, ese santo grial de la vida occidental: el éxito. Cuando abordas la vida como si fuera un proyecto, el valor de tu vida depende del éxito o del fracaso del proyecto. Y dado que estos resultados a menudo se logran solo en un futuro remoto, todo el camino hasta ese punto, al que puede que llegues o puede que no, se convierte en un trabajo tedioso sin valor inherente. En el peor de los casos, se llega a un punto en el que no sufrir se interpreta como una señal de que no se está trabajando lo suficiente, como señaló la científica Emma Seppälä al observar la frenética cultura del logro entre los estudiantes de la Universidad de Stanford.[187] El problema con los proyectos es que instrumentalizan tu vida: ya no se trata de vivir la vida, sino de usar la vida para lograr algo. No ayuda mucho que pases de luchar por el dinero, la fama y el éxito a luchar por la felicidad y el significado. Aunque tal vez sea prudente cuestionar la maximización de la riqueza, el estatus o el éxito profesional, eso no significa nada si simplemente sustituyes una obsesión por otra. Todavía utilizas tu vida para lograr algo en lugar de abrazarlo y vivirlo. Al mantener el enfoque en el resultado final, no se pueden ver los pequeños y brillantes momentos cotidianos que realmente hacen que la vida tenga sentido.

Trata tu vida menos como un proyecto y más como una historia, una historia que sea completamente original en cuanto a lo que encuentres, experimentes, presencies y expreses. Lo que sea que te suceda, bueno o malo, seleccionado por ti mismo o impuesto desde el exterior, sigue siendo parte de la historia. Los capítulos de tu historia incluyen tus diversas fortalezas y debilidades, peculiaridades y singularidades.

Una historia tampoco es una competición. Una historia se desarrolla, llama a las personas a la acción, les ruega a sus personajes que tomen decisiones. Como criaturas reflexivas, tenemos buenos motivos para amar una buena historia: utilizamos historias para enseñar lecciones, morales y

---

187. Emma Seppälä: *The Happiness Track: How to Apply the Science of Happiness to Accelerate Your Success*, HarperCollins, Nueva York, 2016.

personales. Las usamos para entretenernos, pero también para reflexionar sobre nuestro mundo en general y darle sentido. Buscamos historias para restaurar nuestro sentido de belleza y cordura en un mundo a menudo confuso y complejo. Ciertamente, puede haber proyectos dentro de una historia; después de todo, los grandes proyectos son un gran material para una buena historia. Pero los proyectos son solo una parte de la historia. No dejes que te dominen, ni que dominen tu cosmovisión o tu sentido de importancia en la vida. Al final, la historia de tu vida se desarrolla en el momento presente, y lo único por lo que puedes luchar es, en palabras de John Dewey, «el enriquecimiento del presente por sí mismo».[188] Existe un viejo cuento oriental sobre un viajero que camina tranquilamente por la estepa cuando, de repente, lo alcanza un tigre. Para salvarse, el viajero echa a correr, llega al borde de un acantilado y salta. Y entonces, horrorizado, se da cuenta de que un enorme cocodrilo lo espera en el fondo del acantilado, con la boca abierta y listo para tragarlo. En un movimiento desesperado, el viajero se agarra rápidamente a la ramita de un arbusto silvestre que crece en la pared del acantilado. Está atrapado entre dos opciones horribles: el tigre arriba y el cocodrilo abajo. Dos ratones comienzan a mordisquear la ramita de la que cuelga. Sabe que su muerte es ineludible.

Tolstói utilizó este cuento para ilustrar el estado de su vida. En su crisis existencial, se veía a sí mismo como ese viajero, incapaz de disfrutar de todo lo que la vida tenía para ofrecerle, porque solo podía concentrarse en los ratones y en el cocodrilo.[189] Pero hay más en el Zen *kōan* de lo que Tolstói derivó de él: en lugar de obsesionarse con la muerte inevitable, el viajero se concentra en la belleza que aún está disponible en el momento presente. Junto a la ramita crecen unas cuantas fresas relucientes, que agarra con la otra mano. Al comérselas, piensa: «¡Qué dulces son!».

---

188. John Dewey: *How We Think,* Cosimo, Nueva York, 2007, 219. Originalmente publicado en 1910. (*Cómo pensamos*, Paidós Ibérica, 2007, en su traducción al español).

189. Tolstói: «My Confession», en *The Meaning of Life*, 13.

Puede que la vida termine un día, pero el resto de días no. Durante esos días, tenemos la oportunidad de apreciar la belleza, cultivar el significado y encontrar la dulzura. Una vida maravillosa es una vida en sintonía con las pequeñas maravillas de nuestra vida diaria. Alan W. Watts, el famoso maestro zen, amplía esta idea y compara la vida con la música. Señala que en la música uno no hace del final de la composición el objetivo de la composición en sí. Al tocar una canción, no gana el que la toca más rápido. Lo significativo en la música no es llegar al final, sino lo que sucede durante los momentos en que se toca la música.[190] En palabras de Watts, «pensábamos en la vida a través de una analogía —un viaje o una peregrinación, por ejemplo— que tiene un propósito serio al final. La cuestión era llegar a ese fin, el éxito o lo que fuera, o tal vez el cielo después de la muerte, pero perdimos el sentido por el camino. Era algo musical, y se suponía que debías cantar o bailar mientras sonaba la música». Un día la música se detendrá. Lo que sucede después, nadie lo sabe.

Pero no tiene sentido esperar el silencio. Si estás leyendo esto, la música todavía suena para ti. Así que sal y baila.

---

190. Alan W. Watts: *The Tao of Philosophy*, transcripción editada, Tuttle Publishing, North Clarendon, VT, 2002, 77-78. Originalmente expuesta como conferencia y transcrita por su hijo, Mark Watts.

Epílogo

«Cada átomo de tu cuerpo proviene de una estrella que explotó... Eres polvo de estrellas... Las estrellas murieron para que puedas estar aquí hoy»

LAWRENCE KRAUSS, *Un universo de la nada*

La asombrosa capacidad de la humanidad para amar, celebrar, llorar, cantar, bailar y soñar emergiendo de una pila de oxígeno, carbono, hidrógeno y muchos otros átomos, es una maravilla que vale la pena apreciar. Cuanto más valoramos la vida humana como un evento aleatorio e improbable, más debemos estar agradecidos de que a cada uno de nosotros se nos haya concedido una vida única para vivir. La existencia humana tiene valor y significado incluso en un universo desprovisto de valor absoluto; de hecho, haces que la existencia sea valiosa al asignarle valor.

En lugar de contemplar el significado de la vida, enfócate en el significado en la vida.

El significado en la vida no consiste en la vida en general, sino en tu vida. Se trata de cómo puedes experimentar tu existencia única como significativa y digna de ser vivida. Y experimentar tu existencia única como significativa es más simple de lo que podrías pensar: conéctate contigo mismo persiguiendo actividades y metas significativas para ti; busca lugares para crecer y utilizar tus áreas de dominio; conéctate con otros cultivando relaciones íntimas; y haz algo bueno por los demás. Puede que estas cuatro fuentes de significado no parezcan demasiado revolucionarias, pero esa es exactamente su fuerza. Son las piedras angulares de una existencia significativa que tú, y todos los demás, ya reconocéis como valiosa. Deja de perseguir a los fantasmas de épocas pasadas. Deja de anhelar el sentido impuesto a la vida desde arriba. Deja de permitir que otros establezcan los estándares de tu vida. Concéntrate, por el contrario, en hacer que tu propia vida, y la vida de tus seres queridos, sea más significativa. Esto puede parecer un simple consejo, pero ahí está el camino hacia una vida significativa. Como escribió Camus, «una sola verdad, si es obvia, es suficiente para guiar una existencia». [191]

---

191. Camús: *El mito de Sísifo.*

Agradecimientos

«Lanza rosas al abismo y di: "Aquí está mi agradecimiento al monstruo por no saber cómo tragarme vivo"».

FRIEDRICH NIETZSCHE, *Nachgelassene Fragmente*, hacia 1883

Se necesita un pueblo para escribir un libro. Sin las diversas conversaciones que he tenido con un amplio grupo de personas (investigadores, filósofos, amigos, familiares, extraños en las terrazas de los hoteles) o los artículos y libros que invitan a la reflexión que he tenido el placer de leer a lo largo de los años, este libro no existiría. De este modo, en lugar de ser únicamente mi creación, este libro es una destilación de la sabiduría que he obtenido de esas conversaciones entre amigos, familiares y extraños por igual y de los escritos de autores y colegas de los cuales considero un privilegio haber aprendido. Mencionarlos a todos sería imposible, pero aquí están las pocas personas que han ayudado más directamente a hacer realidad este libro.

Primero, quiero dar las gracias a Signe Bergstrom, quien brindó una ayuda inestimable para transformar las grandes ideas y tesis filosóficas en un conjunto de ideas legibles. Se esforzó de verdad en pensar conmigo cómo organizar y presentar las ideas, y cómo escribir sobre ellas de una manera atractiva. Escribir el libro con ella en mi equipo resultó ser una gran experiencia de aprendizaje, y le agradezco sinceramente su contribución. Además, de Harper Design, quiero agradecer a Elizabeth Viscott

Sullivan y Marta Schooler por creer en este libro y por su gran apoyo en su elaboración. También me gustaría agradecerle a Roberto de Vicq de Cumptich su hermoso trabajo de diseño. Además, quiero darles las gracias especialmente a mis agentes, Elina Ahlbäck y Rhea Lyons y a su equipo, que han hecho un gran trabajo para convertir la idea de mi libro en realidad al perfeccionar mi propuesta, apoyarme y difundirla persistentemente para que se publique.

Varias personas comentaron partes del manuscrito o mantuvieron conversaciones significativas conmigo mientras trabajaba en él: de una manera u otra, sus ideas se abrieron paso en este libro. Gracias por brindar nuevas ideas, desafiar mis conocimientos y ofrecerme comentarios valiosos que ayudaron a mejorar mis argumentos a: Ed Deci, Adam Grant, Antti Kauppinen, Laura King, Dmitry Leontiev, Jani Marjanen, Thaddeus Metz, Gregory Pappas, Holli-Anne Passmore, Anne Birgitta Pessi, Richard Ryan, Esa Saarinen, Emma Seppälä, Kennon Sheldon, Michael Steger, Jaakko Tahkokallio, Wenceslao Unanue y Monica Worline, así como a los participantes del Seminario de Investigación de Filosofía Moral y Política en la Universidad de Helsinki y a los participantes de la Conferencia sobre el Sentido de la Vida en la Universidad de Harvard. En especial, quiero destacar las contribuciones de Esa Saarinen y Richard Ryan, quienes han sido para mí mentores intelectuales clave en mi trabajo como investigador. Gracias también a mis amigos y colegas por el viaje que hemos realizado juntos y por ayudarme a convertirme en lo que soy hoy: Lauri, Karkki, Tapani, Timo y otras personas de Filosofian Akatemia; a mis compañeros de estudios de filosofía Eetu, Hanna, Johanna, Kalle, Markus, Matti, Sanna y Reima; a mi grupo de lectura y a mis amigos del fútbol Akseli, Antti H., Antti T., Janne, Jouni, Juha, Mikko, Olli, Timur, Touko y Ville; ¡y a mis hermanos y sus esposas, Eero, Tiia, Anna y Tomi!

También quiero darle las gracias a John Dewey, mi mentor filosófico desde hace un siglo, cuyos escritos me han proporcionado una base sólida sobre la cual construir mis propias ideas, y en cuyos hombros estoy orgulloso de apoyarme.

Finalmente, quiero darles las gracias a mis padres, Heikki y Maarit, por brindarme el ambiente alentador y de apoyo en el que crecí. Tener una gran estantería llena de libros y tiempo para leerles cuentos son los mejores regalos que se pueden dar a los hijos. Este es también el regalo que quiero darles a mis hijos, Vikkeri, Roki y Tormi. Junto con mi cónyuge, Piret, a quien quiero agradecer su apoyo durante todo el proyecto y darme este regalo de tener una familia: ¡son clave para el sentido en mi propia vida!

Bibliografía

BAGGINI, JULIAN: «Revealed: The Meaning of Life», *The Guardian*, 20 de setiembre, 2004. https://www.theguardian.com/theguardian/2004/sep/20/features11.g2.

BAUMEISTER, ROY F., KATHLEEN VOHS, JENNIFER AAKER, y EMILY GARBINSKY: «Some Key Differences Between a Happy Life and a Meaningful Life», *Journal of Positive Psychology* 8, n.º 8, 2013.

BEAUVOIR, SIMONE DE: *La vejez*, Debolsillo, Barcelona, 2011.

BURROUGHS, WILLIAM S.: *El almuerzo desnudo*, Anagrama, Barcelona, 2006.

CAMUS, ALBERT: *El mito de Sísifo*, Literatura Random House, Barcelona, 2021.

CARLYLE, THOMAS: *Sartor Resartus*, Alba Editorial, Barcelona, 2007.
— *Sobre los héroes. El culto al héroe y lo heroico en la historia*, Athenaica Ediciones Universitarias, Sevilla, 2017.

COELHO, PAULO: *Once minutos*, Planeta, Barcelona, 2003.

COVEY, STEPHEN, A. ROGER MERRILL, y REBECCA R. MERRILL: *Primero, lo primero: vivir, amar, aprender, dejar un legado*, Paidós Ibérica, Barcelona, 2000.

Emerson, Ralph Waldo: «Self-reliance», The Essential Writings of Ralph Waldo Emerson, Modern Library, Nueva York, 1841/2000.

Haidt, Jonathan: *Happiness Hypothesis: Finding Modern Truth in Ancient Wisdom*, Basic Books, Nueva York, 2006.

Hyman, Gavin: *A Short History of Atheism*, B. Tauris & Co., Nueva York, 2010.

James, William: «Is Life Worth Living?», *The Will to Believe and Other Essays in Popular Philosophy*, Dover Publications, Nueva York, 1897/1956.

Kierkegaard, Søren: «Repetition», *The Essential Kierkegaard*, ed. Howard V. Hong y Edna H. Hong, Princeton University Press, Princeton, NJ, 1843/2013.

Krauss, Lawrence: «A Universe From Nothing», conferencia impartida en AAI 2009 y disponible en YouTube. https://www.youtube.com/watch?v=7ImvlS8PLIo.

Mill, John Stuart: *Autobiografía*, Alianza Editorial, Madrid, 2008.

Newton, Isaac: «General Scholium. An Appendix to the 2nd edition of the The Mathematical Principles of Natural Philosophy», 1713, http://www.newtonproject.ox.ac.uk/.

Nietzsche, Friedrich: *Nachgelassene Fragmente: Juli 1882 bis winter 1883–1884*, eds. Giorgio Rolli y Mazzini Montinari, Walter de Gruyter, Berlín, 1977.

Nin, Anaïs: *Diario II (1934-1939)*, RM, 1978.

NPR, *All Things Considered*, «President Obama Is Familiar with Finland's Heavy Metal Scene. Are You?», 17 de mayo, 2016, https://www.npr.org/2016/05/17/478409307/president-obama-is-familiar-with-finlands-heavy-metal-scene-are-you.

SAGAN, CARL: *Un punto azul pálido: Una visión del futuro humano en el espacio*, Planeta, Barcelona, 2006.

SÉNECA: «Letters, Book II, Letter XLVIII». Citado en Stephen Salkever, ed.: *The Cambridge Companion to Ancient Greek Political Thought*, Cambridge University Press, Nueva York, c. 65 CE/2009.

SMITH, ADAM: *La teoría de los sentimientos morales*, Alianza Editorial, Madrid, 2013.

STREET, SHARON: «A Darwinian Dilemma for Realist Theories of Value», *Philosophical Studies* 127, nº 1, 2006.

TAYLOR, CHARLES: *A Secular Age*, The Belknap Press of Harvard University Press, Cambridge, MA, 2007.

TOLSTÓI, LEV: «Letter to Valerya», citado en Henri Troyat, *Tolstoy*, trad. Nancy Amphoux, Grove Press, Nueva York, 1967.

UPDIKE, JOHN: «Picked-up Pieces, Moments from a Half Century of Updike», *The New Yorker*, 1 de febrero, 2009.

VONNEGUT, KURT: *Cuna de gato*, Anagrama, Barcelona, 1988.

WORLINE, MONICA C. y JANE E. DUTTON: *Awakening Compassion at Work: The Quiet Power that Elevates People and Organizations*, Berrett-Koehler Publishers, Oakland, CA, 2017.

Wuthnow, Robert: *Acts of Compassion: Caring for Others and Helping Ourselves*, Princeton University Press, Princeton, NJ, 1991.

Lecturas recomendadas

Aristóteles: *Ética a Nicómaco*, trad. José Luis Calvo Martínez, Alianza Editorial, Madrid, 2012.

Beauvoir, Simone de: *Philosophical Writings*, ed. M. A. Simons, University of Illinois Press, Urbana, 2004.

Camus, Albert: *El mito de Sísifo*, Alianza Editorial, Madrid, 2012.

Carlyle, Thomas: *Sartor Resartus*, Alba Editorial, Barcelona, 2007.

Ferry, Luc, *Aprender a vivir: filosofía para mentes jóvenes*, Taurus, Barcelona, 2011.

Frankl, Victor: *El hombre en busca de sentido*, Herder Editorial, Barcelona, 2021.

Haidt, Jonathan: *La hipótesis de la felicidad*, Gedisa, Barcelona, 2010.

Hyman, Gavin: *A Short History of Atheism*, B. Tauris & Co., Nueva York, 2010.

Kierkegaard, Søren: *O lo uno o lo otro*, Trotta, Madrid, 2013.

Klemke, E. D.: *The Meaning Life*. 4.ª ed., editado por Steven M. Kahn, Oxford University Press, Nueva York, 2017.

Landau, Iddo: *Finding Meaning in an Imperfect World*, Oxford University Press, Nueva York, 2017.

MacIntyre, Alasdair: *Tras la virtud*, Austral, Barcelona, 2013.

May, Todd: *A Significant Life: Human Meaning in a Silent Universe*, University of Chicago Press, Chicago, 2015.

Metz, Thaddeus, *Meaning in Life: An Analytic Study*, Oxford University Press, Oxford, 2013.

Jean-Paul Sartre: *El existencialismo es un humanismo*, Edhasa, Barcelona, 2006.

Smith, Emily Esfahani: *The Power of Meaning*, Broadway Books, Nueva York, 2017.

Taylor, Charles: *The Ethics of Authenticity*, Harvard University Press, Cambridge, MA, 1991.

Taylor, Charles: *A Secular Age*, The Belknap Press of Harvard University Press, Cambridge, MA, 2007.

Tolstói, Lev: *Confesión*, Acantilado, Barcelona, 2008.

Wilson, Colin. *The Outsider*, Pan Books Ltd., Barcelona, 1967.

Frank Martela, PhD, es filósofo e investigador en psicología especializado en la cuestión del significado en la vida. Sus artículos han aparecido en *Scientific American Mind* y *Salon*, y su trabajo ha aparecido en Quartz y en la BBC. Sus investigaciones se han publicado extensamente en numerosas revistas académicas como *Journal of Personality*, *Journal of Positive Psychology*, *Journal of Happiness Studies*, *Metaphilosophy*, *Southern Journal of Philosophy*, *Motivation and Emotion* y *Organization Studies*. Ha hablado en más de cien auditorios de todo el mundo y ha sido invitado a dar conferencias en universidades de cuatro continentes, incluidas la Universidad de Stanford y la Universidad de Harvard. Ha sido entrevistado por *New York Times*, *Fitness*, *VICE* y *Monocle*. Martela tiene su sede en la Universidad Aalto de Helsinki.

Para más información:
www.frankmartela.com o síguelo en Twitter @FrankMartela.